ChaSeo Rules
Die Zahlenapotheke

CHASEO RULES

DIE
ZAHLEN-
APOTHEKE

Mehr Konzentration,
weniger Stress
und gesunder Schlaf

Aus dem Amerikanischen von
Karin Weingart

Allegria

Die Originalausgabe erschien 2016 unter dem Titel
The Miracle of Number Reading
im Verlag The Angle Books, Co., Ltd. Korea

Allegria ist ein Verlag der Ullstein Buchverlage GmbH

ISBN: 978-3-7934-2326-3
3. Auflage 2018
© der deutschen Ausgabe 2017 by
Ullstein Buchverlage GmbH, Berlin
© der Originalausgabe 2016 by Chaseo Rules Institute
Originally published by The Angle Books, co., Ltd. Korea.
This edition is published by arrangement
with The Angle Books, Co., Ltd.
All Rights Reserved.
Innenillustrationen: Chaseo Rules
Übersetzung: Karin Weingart
Lektorat: Vera Baschlakow
Umschlaggestaltung: zero-media.net, München
Gesetzt aus der Minion
Satz: Keller & Keller GbR
Druck und Bindearbeiten: CPI books GmbH, Leck
Printed in Germany

Inhalt

ERFAHRUNGSBERICHTE   7

Kleine Ursache – große Wirkung

TÄGLICHE SELBSTPROGRAMMIERUNG   14

Das Geheimnis des Zahlenlesens.

Kann tatsächlich allein das Lesen von Ziffern

zu positiven Veränderungen führen?   15

Können Muster unsere fünf Sinne schärfen?   17

Der Einfluss der Sinne auf die inneren Organe   20

Störungen der neuronalen Schaltkreise als
Ursache von Erkrankungen   23

Das Affenexperiment – und was es mit dem
Zahlenlesen auf sich hat   25

Die zwölf Ziffern und der Signalfluss im Körper   27

Besserung gefällig?   30

Die großartigen Effekte des Zahlenlesens   34

Viele Probleme – eine Lösung   38

Wissenswert, wenn auch ein bisschen
kompliziert   40

Nur eine Seite täglich – überall, jederzeit   48

Wie Sie die Ziffern lesen   50

GUTE NACHT   56
Gute Nacht. Der Code für tiefen, erholsamen
Schlaf   57

GEGEN STRESS   92
Gegen Stress. Der Code zur Stressbewältigung,
bei Niedergeschlagenheit und Aggressivität   93

GEDÄCHTNIS SCHÄRFEN   128
Gedächtnis schärfen. Der Code gegen
Zerstreutheit und Vergesslichkeit   129

NEUE ENERGIE TANKEN   164
Neue Energie tanken. Der Code gegen
Müdigkeit (nicht nur der Augen)   165

SO SCHÖN   200
So schön. Der Code für reine Haut und ein
blendendes Aussehen   201

Die Autoren   239

Literaturhinweise   247

Erfahrungsberichte
Kleine Ursache – große Wirkung

Nach der Lektüre des Buches habe ich sofort mit dem allmorgendlichen Zahlenlesen begonnen. Nicht lang, und ich empfand echte Erleichterung, sobald ich mir die Ziffern drei-, viermal konzentriert zu Gemüte geführt hatte. Auch fühlte ich mich gleich viel energiegeladener. Seither nehme ich mir vor der Arbeit jeden Morgen Zeit fürs Zahlenlesen. Früher war ich auf der Fahrt zum Job immer abgespannt und müde. Aber seit ich das mit den Ziffern mache, bin ich hellwach, und es geht mir insgesamt viel besser. Ich fühle mich entspannter und viel weniger gestresst. Ein großes Dankeschön!
Sae *I (Büroangestellte)

Wenn ich früher gegen Mittag müde war, habe ich mich oft hingelegt und ein Schläfchen von zehn Minuten gemacht. Das hat aber nie richtig geholfen, hinterher war ich immer noch kaputt. Doch seit ich mit dem Zahlenlesen angefangen habe, bin ich nach so einem

Nickerchen wieder topfit. Das ist echt verblüffend. Jetzt kann ich auch mühelos alles erkennen, was auf unserer alten Tafel steht. Außerdem hilft mir das Zahlenlesen bei den Schularbeiten. Es keinen Tag auszulassen fällt mir zwar nicht gerade leicht, aber es macht einen riesigen Unterschied, ob ich vor dem Lernen die Ziffern lese oder nicht.

Kwak *won (Schüler)

Am Anfang jedes neuen Schuljahres lasse ich die Schüler vor Unterrichtsbeginn etwa eine Minute lang Ziffern lesen. Diejenigen, die das Zahlenlesen beherrschen, sind besser in der Lage, sich auf ihre Lehrbücher zu konzentrieren, und geben, wenn ich mich danach erkundige, an, ihr Sichtfeld hätte sich so erweitert, dass sie mit einem Blick viel mehr erfassen können. Wie ich gehört habe, und das hat mich echt überrascht, kann das Zahlenlesen die schulischen Leistungen um das Doppelte, ja sogar das Dreifache verbessern. Deshalb sollten Lehrer und Eltern es unbedingt einmal ausprobieren und dann auch mit den Kindern Ziffern lesen.

Lee *hyeok (Lehrerin)

Ich habe mit dem Zahlenlesen angefangen, als meine drei Töchter alle noch in der Grundschule waren. Meine Älteste kränkelte damals viel, und das hat mir große Sorgen gemacht. Aber seit sie die Ziffern liest, muss ich kaum noch mit ihr zum Arzt. Bei meiner Zweiten war es so, dass sie anfänglich enorme Schwierigkeiten mit dem Alphabet und bei Diktaten hatte. Doch seit sie mit dem Zahlenlesen begonnen hat, kriegt sie nur noch gute Noten. Die Dritte hat mit sieben angefangen. Alle meine Kinder hatten in der Schule nur drei Jahre Englisch, und trotzdem besuchen sie mittlerweile Topunis. Wie uns das gelungen sei, werde ich oft gefragt. Nun, am Anfang des Zahlenlesens hatten bei uns gesundheitliche Probleme gestanden. Jetzt aber bin ich überzeugt, dass es meinen Mädchen vor allem auch zu größerem Konzentrations- und Leistungsvermögen verholfen hat.

Kim *hee (Hausfrau)

Um ehrlich zu sein, hab ich am Anfang überhaupt nichts gespürt. Da ich aber nichts zu verlieren hatte, machte ich einfach weiter. Und ganz allmählich bemerkte ich, dass ich ruhiger wurde und sich körperliche Verspannungen, die ich zuvor nicht einmal wahrgenommen hatte, lösten.

Nachdem ich mich an das Zahlenlesen gewöhnt hatte, spürte ich eine Art Stromfluss rund um mein Gesicht – eine Empfindung, die sich bald auf den gesamten Körper ausdehnte. Zugleich wurde meine Stimme fester, und ich kam insgesamt wieder viel mehr in meine Mitte. Heute ist es so, dass ich mich, sofern das mit dem Zahlenlesen am Morgen gut geklappt hat, den ganzen Tag über super fühle. Zudem kann ich jetzt besser durchschlafen. Da ich freiberuflich tätig bin, ist mein Leben ziemlich stressig. Weshalb ich früher immer übernervös und nicht gerade in Bestform war. Seit ich aber mit dem Zahlenlesen angefangen habe, leide ich nicht mehr unter Schlafstörungen, bin nie mehr so zerschlagen, und Verdauungsprobleme gehören auch der Vergangenheit an.

Yang *gi (selbstständig)

Da ich gehört hatte, es sei gut für Konzentration und Merkfähigkeit, beschloss ich, es mal mit den Eltern der Schüler auszuprobieren. Nach unserer Versammlung habe ich drei Mütter gebeten, sich fünf Minuten lang auf das Zahlenlesen zu fokussieren, und den Raum dann verlassen. Als ich wieder reinkam, taten den Frauen die Augen immer noch weh, und auch einen schweren Kopf hatten sie noch, wie sie sagten. Ich ermunterte sie trotzdem, es weiterzuversuchen. Und siehe da: Schon bald ließen ihre Beschwerden nach.

Eine der Mütter, die erst kurz zuvor die Leitung eines Filialgeschäfts übernommen hatte, empfand die Erledigung ihrer vielen neuen Aufgaben als sehr stressig. Sie litt unter verschwommener Sicht und müden Augen. Durch das Zahlenlesen kam es zu einer erheblichen Verbesserung. Zwar taten ihr anfänglich die Augen beim Lesen der Ziffern noch weh, aber sie blieb bei der Stange. Und schließlich verschwanden die Beschwerden, und ihr Sehvermögen verbesserte sich dauerhaft.

Kim *hun (Lehrer)

Mein Sohn ist jetzt sechs. Über eine Bekannte habe ich vom Zahlenlesen erfahren und bin dann auf die Website gegangen. Anschließend geschah etwas Merkwürdiges, was ich Ihnen nicht vorenthalten möchte. Unser Sohn war, was das Sprechenlernen angeht, ein Spätentwickler. Im Kindergarten wurde er deshalb gehänselt und ging natürlich nicht mehr gern hin. Er machte gar nicht mehr den Mund auf und verweigerte zunehmend den Kontakt zu anderen Kindern. Eines Tages beobachtete er einige davon beim Zahlenlesen. Und irgendwann schloss er sich ihnen voller Begeisterung – und lautstark! – an. Eine Riesenüberraschung.

Erfahrungsberichte **11**

Allein kann er die Zahlen noch nicht lesen. Also lese ich sie ihm vor – und er spricht mir nach. Herrlich!
Lee *yong (Büroangestellte)

Ich bin im dritten Monat schwanger und leide immer noch schrecklich unter morgendlicher Übelkeit. Damit müsse ich mich eben abfinden, dachte ich schon. Aber dann erzählte mir eine Nachbarin vom Zahlenlesen, und ich habe es einfach mal versucht. Allerdings war ich ziemlich skeptisch und habe mir nicht viel davon versprochen. Doch am nächsten Morgen musste ich mich nicht übergeben. Und fühlte mich insgesamt viel besser. Das nenn ich mal einen schnellen Erfolg! Jetzt mache ich das mit dem Zahlenlesen schon seit sieben Tagen. Und während mich die Schwangerschaft mit all ihren Begleiterscheinungen vorher enorm gestresst hat, bin ich jetzt praktisch die Ruhe selbst.
Bak *jeom (Hausfrau)

Vom Zahlenlesen und seinen positiven Effekten habe ich erst letzten Samstag erfahren. Unter anderem habe ich gehört, dass man Neugeborene damit beruhigen kann, wenn sie nicht einschlafen können oder sich nicht wohlfühlen. Eine Mutter berichtete mir: »Wenn ich meiner kleinen Tochter die Ziffern vorlese, hört sie sofort auf zu weinen. Und nach fünf Minuten ist sie eingeschlafen.« Das Zahlenlesen scheint sich also sogar als Wiegenlied zu eignen.

Heo *cheol (Angestellte)

Einem Patienten, der unter Schlaflosigkeit und Ver- stopfung litt, empfahl ich das Zahlenlesen und riet ihm, sich währenddessen eine Hand auf den Bauch zu legen, etwa eine Viertelstunde lang. Als er mich eine Woche später wieder aufsuchte, war ich total verblüfft. Sein ganzes Gesicht schien sich verändert zu haben, so glücklich und lebendig wirkte er auf mich. Vermutlich aufgrund der Schlaflosigkeit und der Verdauungs- probleme war der Mann immer sehr niedergeschlagen gewesen und hatte einen ausgesprochen fahlen Teint. Aber jetzt war er wie ausgewechselt. Vital und von ge- sunder Ausstrahlung.

»Da hat aber jemand das Zahlenlesen ernst genom- men«, sagte ich augenzwinkernd zu ihm. Und während ich anschließend seine Hand massierte, erzählte er mir, dass er jetzt jeden Abend vor dem Schlafengehen seine Ziffern lese. Woraufhin die Schlafstörungen ebenso verschwunden seien wie die Probleme mit dem Darm.

Lee *taek (Ärztin auf dem Gebiet der traditionellen fernöstlichen Medizin)

Erfahrungsberichte 13

TÄGLICHE SELBSTPROGRAMMIERUNG

Das Geheimnis des Zahlenlesens

Kann tatsächlich
allein das Lesen von Ziffern
zu positiven Veränderungen führen?

```
'2 0'1 1'1 6 8
 3 0 9 4 9 2 4
 5'2 0 3 7'2 3
```

Können Muster
unsere fünf Sinne schärfen?

Die gute Nachricht lautet: Leistungsvermögen, Präzision und Reichweite selbst des schwächsten unserer fünf Sinne lassen sich verbessern. Nehmen wir zum Beispiel einen Baseballspieler: Um den Ball richtig treffen zu können, braucht der Angreifer ein überdurchschnittliches Sehvermögen. Anderes Beispiel: Gute Verkäufer sind in der Lage, ihren Kunden die Wünsche von den Augen abzulesen, ihre Mienen zu deuten und den Tonfall richtig zu interpretieren. Spitzenköche wiederum benötigen einen hochentwickelten Geschmackssinn, der sie auch feinste Aromen wahrnehmen lässt. Und so gehören die fünf Sinne zwar zur

Grundausstattung jedes gesunden Menschen, in ihrer Ausprägung jedoch unterscheiden sie sich erheblich, je nach Umwelteinflüssen und genetischen Faktoren.

Informationen, die die Sinne uns vermitteln, werden an die sogenannten Assoziationsfelder im Gehirn weitergegeben, und dieses bestimmt dann unser Denken. Ein Beispiel: Bilder, also die optischen Eindrücke, die das Auge empfängt, werden zunächst über den Sehnerv wahrgenommen. Dann gelangen die entsprechenden Informationen ins Gehirn, das sie verarbeitet und prägt, was wir über das Gesehene denken und wie wir uns dazu verhalten.

Alle sensorischen Informationen werden von den zahllosen Nerven verarbeitet, über die das Gehirn verfügt. Diese Unmenge an Nervensträngen ist nun aber nicht etwa statisch verdrahtet, sondern befindet sich in einem ständigen Prozess der Entstehung, Zerstörung und Neuanordnung. Die Gesamtheit der Nervenverbindungen im Gehirn, auch Konnektom genannt, gestaltet sich von Mensch zu Mensch vollkommen unterschiedlich, je nach Lernleistung und Lebensführung.

Entscheidend hierbei ist, dass sich gewisse Areale des Konnektoms durch wiederholte Stimulierung mit bestimmten Mustern neu beziehungsweise wiederbeleben lassen. Eine Zunahme von Wissen, Überlegung,

Motivation und Ausdeutung verbessert die Datenverarbeitung im Hirn erheblich.

Das bedeutet: Das systematische Erlernen von Mustern regt die Weiterentwicklung und Optimierung des Gehirns an. Darüber hinaus wirkt es sich auch auf unser gesamtes Nervensystem, auf den Hormonhaushalt und so gut wie jeden anderen Aspekt des Körpers aus.

Können Muster unsere fünf Sinne schärfen?

Der Einfluss der Sinne
auf die inneren Organe

Die fünf Sinne dienen nicht nur dem schieren Überleben, sondern bilden auch die Basis unserer Kommunikation mit der Umwelt, die ohne die Informationen, die wir durch Sehen, Hören, Riechen, Schmecken und Berühren erhalten, unmöglich wäre. Intensität und Präzision dieses Sensoriums werden allerdings erheblich von der jeweiligen Persönlichkeit beziehungsweise deren Gemütsverfassung geprägt. Mit anderen Worten: In den meisten Ihrer Wahrnehmungen spiegeln sich Ihre individuelle Gefühlswelt und Grundgestimmtheit wider. Und weil sich Emotionen und Persönlichkeit von Mensch zu Mensch so sehr unterscheiden, wird – zum Beispiel – kein Geräusch von zwei Personen absolut identisch interpretiert. Diese Wahrnehmung gehört Ihnen ganz allein, sie ist einzigartig und unvergleichlich.

Ihre Sinneswahrnehmungen sind aufs Engste mit Ihrem Gefühlsleben verknüpft. Wenn Sie über einen längeren Zeitraum Geräuschen ausgesetzt sind, die Sie als unangenehm empfinden, wirkt sich dies emotional negativ auf Sie aus und kann dazu führen, dass Sie zornig werden oder sich aufregen. Angenehme Musik dagegen kann Sie in gute Stimmung versetzen und Ihre Anfälligkeit für Fehler reduzieren. Wer ruhig und gelassen ist, wird von seinen Mitmenschen als vertrauenswürdiger und fleißiger empfunden. Und bei Traurigkeit kann ein fröhliches Lied geradezu Wunder wirken.

LAUTE MUSIK ODER KRACH

Der Mensch besitzt ein autonomes (auch »vegetativ« genanntes) Nervensystem, das einen Großteil der Körperfunktionen steuert, ohne dass je ein Befehl dafür erteilt werden müsste. Über den Austausch von Signalen stehen die Funktionskreise unserer inneren Organe, die wir archetypisch als die »fünf Speicherorgane« bezeichnen (Leber, Herz, Milz, Lunge, Nieren), in ständigem Kontakt miteinander. Und ihre Leistungsfähigkeit wird vom jeweiligen Gefühlszustand weit stärker beeinflusst als unser bewusstes Verhalten. Stress etwa wirkt sich unmittelbar auf Herzschlag, Hormonausschüttung und Peristaltik aus.

Und so schlägt sich die Welt, die wir in unseren Köpfen erschaffen, also auch körperlich nieder. Aber was macht das mit uns?

Störungen der neuronalen Schaltkreise als Ursache von Erkrankungen

Alle Gedanken und Entscheidungen, die unser Verhalten prägen, beginnen mit den sensorischen Informationen, die unser Nervensystem erhält. Unser ganzes Tun und Lassen hängt entscheidend davon ab, wie wir diese Informationen verarbeiten. Stimmen Sinneswahrnehmungen, Denken, Bewertungen und Verhalten überein – befinden sich die Signale der fünf Sinne also in ungehindertem Fluss –, sprechen wir von Gesundheit. Durch Lernprozesse werden die verhärteten, auf reiner Gewohnheit beruhenden Muster unserer neuronalen Schaltkreise aufgebrochen. Wenn wir dagegen Angst haben, Vorurteilen begegnen oder ungerecht behandelt werden, wirkt es sich nicht nur auf das Nervensystem negativ aus, sondern auch auf die inneren Organe, die Funktionskreise des Körpers.

Mal angenommen, Sie sehen etwas und wären weit und breit die einzige Person, die es als schlecht bewertet. Dann würde dieser negative Eindruck bei Ihnen zu verdrehten Gedanken- und Verhaltensmustern führen beziehungsweise zu »unbeherrschten Gewohnheiten der fünf Sinne«. In der Folge erzeugt dies eine negative Feedbackschleife, die Ihren gesamten Körper in Mitleidenschaft zieht und schließlich zu einem schlechten Allgemeinzustand führen kann.

Aber wie können Sie wieder Ordnung in die Schaltkreise Ihrer fünf Sinne bringen? Lassen sich die entstandenen »Knicke« ausbügeln, damit Sie wieder richtig fühlen, denken, analysieren, handeln können? Und wieder rundum gesund werden?

Das Affenexperiment –
und was es mit dem Zahlenlesen
auf sich hat

Wie unlängst veröffentlichte Arbeitsergebnisse einer
Forschungsgruppe unter der Leitung des Neurophy-
siologen Hajime Mushiake von der Medizinischen
Fakultät der Tohoku-Universität im japanischen Sendai
zeigen, gibt es im Gehirn bestimmte Areale und Zell-
gruppen, die ganz speziell auf Zahlen reagieren.

Ziel der Wissenschaftler war es, die Lernfähigkeit von
Primaten zu erforschen sowie die Faktoren, auf denen
sie beruht. Dafür zeigten sie Affen wiederholt Ziffern
auf einem Monitor und beobachteten mithilfe ange-
brachter Elektroden die Hirnaktivitäten, die davon
ausgelöst wurden. Unter anderem konnten sie so einen
engen Zusammenhang zwischen bestimmten Hirnzel-
len, den Ziffern sowie der Häufigkeit ermitteln, mit der
diese auftraten. Beispielsweise reagierte eine klar defi-
nierbare Region des Affenhirns auf die 4, und bei der
dritten Wiederholung gewisser Tätigkeiten wurde eine
bestimmte Gruppe von Nervenzellen aktiv.

Reaktion des Affenhirns auf Zahlen

Überdies stießen Professor Mushiake und seine Kollegen auf einzelne Zellen, die besonders stark auf die Ziffer 0 reagierten.

Diese Befunde belegen, dass sich das Nervensystem mit Zahlen stimulieren lässt, und zwar gleich in verschiedenerlei Hinsicht. Darüber hinaus zeigen sie, dass die Ziffer 0 nicht nur für den Menschen eine ganz besondere – eine fundamentale, instinktive – Bedeutung hat, sondern sogar auch für Primaten, die nur über eine rudimentär entwickelte Form der Sprache verfügen. Außerdem, und das ist in unserem Zusammenhang besonders wichtig, sind die Ergebnisse der japanischen Neurowissenschaftler ein Beleg dafür, dass die menschliche Spezies sich selbst und ihre Umwelt mithilfe von Zahlen begreift. Ziffern haben somit einen kaum zu unterschätzenden Einfluss auf unser Bewusstsein.

Die zwölf Ziffern
und der Signalfluss im Körper

So, wie das Nervensystem zentral gesteuert wird, hat auch jeder andere Funktionskreis im Körper seine eigene Leitstation. Der Energieaustausch zwischen diesen Knotenpunkten erfolgt über ein Netz von Leitbahnen, die wir auch unter der Bezeichnung »Meridiane« kennen. So wirken die verschiedenen Zentren im Körper alle zusammen. Und mithilfe des »Zifferncodes« (dem mittleren Koeffizienten der systemischen Meridianharmonie) lassen sich potenzielle Störungen, die aus bestimmten Situationen oder Zuständen resultieren, bei der Wurzel packen, bevor sie sich voll ausbilden können.

Auf Zifferncodes beruht nicht nur die fernöstliche Medizin, sondern neuerdings auch das junge Feld der Erforschung des Konnektoms durch Neurologen und Epigenetiker.

Das Diagramm auf Seite 28 zeigt die Wellen (fachsprachlich: Waveform), die die Signale der einzelnen Ziffern im Körper erzeugen. Entwickelt haben wir die Grafik, nachdem wir diesem Phänomen in unserem

Institut umfassend auf den Grund gegangen sind. (Und das wohl, wie wir mit einem gewissen Stolz behaupten dürfen, als Erste weltweit.)

Ziffer	Waveform	Digitalcode
1		01111
2		00111
3		00011
4		00001
5		00000
6		10000
7		11000
8		11100
9		11110
0		11111
'1		010101
'2		001100

Die Ziffern und ihre Signalwirkung auf den Körper

Jedes Musikstück, das wir hören, und alle Filme, die wir uns anschauen, setzen sich aus bestimmten Signalen zusammen, die auf unterschiedliche Art kombiniert sind. Und auch die Schaltkreise der fünf Sinne lassen sich durch die richtige Kombination der richtigen Signale eins zu eins reproduzieren. Genau darauf beruht die Möglichkeit, etwaige Störungen im Fluss der Datensignale zu beheben.

Veränderung gefällig?

Wenn wir etwas an unserer Befindlichkeit verbessern wollen, konzentrieren wir uns im Allgemeinen auf die strukturellen und funktionalen Aspekte des Körpers. Hier zwei Beispiele: Wer unter Schlaflosigkeit leidet, besorgt sich vielleicht ein neues Kissen beziehungsweise neue Bettwäsche oder nimmt ein Schlafmittel. Und wer Gewichtsprobleme hat, macht Sport oder reduziert seine Kalorienzufuhr. Da der menschliche Körper jedoch kein Freund von Veränderungen ist, widersetzt er sich allen Versuchen einer unmittelbaren Intervention. Der Grund dafür ist ein gewisses biologisch bedingtes Trägheitsmoment, das möglichen Veränderungen im Wege steht.

Wenn Sie es also mit dem Sport übertreiben oder eine allzu strenge Diät halten, müssen Sie damit rechnen, dass Ihnen der Körper einen Strich durch die Rechnung macht.

Aber es gibt ja – zum Glück – eine andere, bessere Möglichkeit: Denn durch wiederholtes Zahlenlesen lässt sich der kognitive Schaltkreis wiederherstellen, ohne dass sich der Körper dagegen wehrt.

Das wiederholte Lesen der relevanten Ziffernfolgen bringt also wieder Ordnung in den kognitiven Schaltkreis. Dabei muss man wissen, dass die Wirkung des Zahlenlesens nicht auf bestimmte Teile oder Funktionsbereiche des Körpers beschränkt ist.

So können etwa Menschen, die unter einem Mangel an gesunder Nachtruhe leiden, ihrem Körper den instinktiven Akt des gesunden Schlafens wieder neu antrainieren. Schlafstörungen begegnet man nämlich am besten dadurch, dass man sich den körperlichen Reaktionen auf den Schlaf zuwendet. Versuche, der Schlaf-*losigkeit* Herr zu werden, sind dagegen selten von Erfolg gekrönt.

Denn paradoxerweise verschwindet dieses Problem am leichtesten, wenn man es gar nicht erst versucht. Und oft werden die Schlafschwierigkeiten umso schlimmer, je verbissener man ihnen zu Leibe rücken will.

Auf diese Weise vermittelt man dem Körper aber letztlich nur die verkehrte Information der Schlaflosigkeit.

Der Schlüssel zu gesunder, erholsamer Nachtruhe besteht darin, dass der Körper (wieder) lernt, die Signale zu steuern, die er aussendet und empfängt. Das Lesen der Ziffernfolgen wirkt schnell und ist anderen Maßnahmen gegen derartige Probleme weit überlegen.

Beim Sport zum Beispiel ist es ja so: Je mehr wir die Muskulatur trainieren, desto langsamer stellen sich die erhofften Erfolge ein. Und in puncto Medizin: Je mehr Arznei wir einnehmen, desto geringer wird der Effekt – sodass wir über kurz oder lang eine größere Dosis benötigen. Ganz anders verhält es sich mit dem Zahlenlesen: Im Unterschied zu Sport oder Medikamenten erhöht sich dessen Wirksamkeit, je mehr sich der Körper daran gewöhnt. Je mehr Ziffernfolgen wir einsetzen, desto weitgreifender und intensiver wird das Ergebnis.

Die beste Therapie ist also das Erlernen des körperlichen Reizzustandes, der gesundes Ein- und Durchschlafen optimal unterstützt. Sobald Sie sich an das Zahlenlesen gewöhnt haben, erhöht sich die Wirksamkeit – ganz anders als bei anderen Anstrengungen, die Sie unternehmen könnten, um Ihren gesundheitlichen Zustand zu verbessern. Wie gesagt: An Sport und Medizin gewöhnt sich der Körper schnell, und Sie müssen die Dosis erhöhen. Beim Zahlenlesen hingegen verbessert sich der Effekt mit jeder Übungseinheit.

Veränderung gefällig?

Die großartigen Effekte des Zahlenlesens

In zwanzigjähriger Forschungsarbeit haben Medizintheoretiker zusammen mit Praktikern der ostasiatischen Heilkunde ein »numerisches Rezept« entwickelt, das für dieses Buch in 30-Tagen-Zyklen gegliedert wurde. Dadurch, dass Sie sich täglich eine Seite vornehmen, entsteht im Laufe der Zeit ein neuronales Netzwerk, das genau der »Verschreibung« entspricht, die diesen Zahlenfolgen encodiert wurde.

Sie fühlen sich morgens wie zerschlagen? Schlafstörungen gehen darauf zurück, dass das Hirn nicht mehr richtig in der Lage ist, den Neurotransmitterspiegel zu regulieren, was des Nachts zu unerwünschtem Wachsein führt.

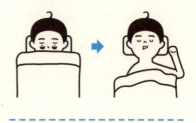

Der Zifferncode für gesunden, tiefen Schlaf bringt den Schlaf-Wach-Rhythmus wieder ins Gleichgewicht und behebt den Programmfehler, der Sie nachts nicht zur Ruhe kommen lässt.

Sie leiden unter Stress?
Zu viel Stress und allzu große Anspannung führen zu einer übermäßigen Hormonkonzentration im Hirn und damit zur ständigen Stimulation des sympathischen Nervensystems. Dadurch wird der Körper immer empfindlicher und erzeugt so eine negative Feedbackschleife, die Sie bereits auf die kleinsten, geringfügigsten Probleme gestresst reagieren lässt.

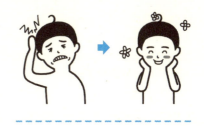

Der Zifferncode gegen Stress reguliert die Hormonproduktion und -ausschüttung und stabilisiert das Nervensystem dadurch so, dass der Körper auf Reize wieder angemessener reagieren kann.

Konzentrations- und Gedächtnisprobleme?
Mal scheinen wir uns alles problemlos merken zu können, aber dann wieder ähnelt unser Erinnerungsvermögen dem vielzitierten Sieb. Nun, zu Problemen mit

Die großartigen Effekte des Zahlenlesens

dem Gedächtnis kommt es, wenn der Strom – die elektrischen Signale – in dem neuronalen Schaltkreis, der

für das Lernen zuständig ist, schwächer wird. Dann können wir uns nur noch schwer konzentrieren, lassen uns leicht ablenken und werden vergesslich. Der Zifferncode, mit dem wir Abhilfe schaffen, behebt die Mängel in der elektrischen Versorgung der Nervenzellen und normalisiert die »Stromzufuhr«.

Augen- und allgemeine Müdigkeit?
An keiner Stelle verfügt der menschliche Körper über eine

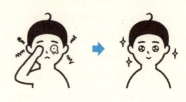

so hohe Konzentration an Nerven- und Blutgefäßen wie in den Augen. Der Code gegen Sehschwäche unterstützt die bessere Versorgung der Augen mit Blut und Nährstoffen und kurbelt zudem den Abfluss von

Abfallprodukten an. So wird sichergestellt, dass alle visuellen Informationen ungestört ins Hirn vordringen können. Darüber hinaus verbessert der Code das Sehvermögen und hilft gegen Augenmüdigkeit.

Hautprobleme?
Unsere Haut – die äußere Schutzschicht des menschlichen Körpers – regeneriert sich normalerweise in Zyklen von achtundzwanzig Tagen. Doch ist sie nicht unempfindlich gegen Störungen und verliert an Spannkraft, wird spröder oder weist andere Probleme auf, sobald ihre Regenerationsfähigkeit schwächelt. Der Zifferncode für gesunde Haut wirkt diesem Prozess entgegen. Und gibt der Haut so ohne irgendwelche Chemie aus Tube oder Dose die Fähigkeit zurück, sich allmonatlich neu zu bilden, strahlend und frisch.

Viele Probleme –
eine Lösung

Nicht nur Demenz und Beeinträchtigungen der kognitiven Funktionen gehen oft auf Schlafprobleme zurück, sondern auch zahlreiche andere Leiden. Denn kaum etwas zeitigt so vielfältige negative Folgen wie zu wenig erholsame Nachtruhe.

Und da im Organismus alle gesundheitlichen Störungen zusammenhängen, kann die Behebung eines Missstandes zugleich auch die Linderung oder gar Heilung anderer Beschwerden bewirken.

Obstruktives
Schlafapnoe-Syndrom,
Hypnolepsie (»Schlafsucht«),
Traumata,
Restless-Legs-Syndrom
(nächtliche
Bewegungsstörungen),
Demenz, Schlaflosigkeit,
ADHS (Aufmerksam-
keitsdefizit-Hyper-
aktivitätsstörung),
Depression, Allergien,
Wechseljahrbeschwerden

Probleme mit
Aggressionsbewältigung,
Erkrankungen, die auf
unterdrückte Wut
zurückgehen, Arthritis,
Magengeschwüre,
Essstörungen,
Bluthochdruck,
Kopfschmerzen,
Menstruationsbeschwerden,
chronisches
Erschöpfungssyndrom

Stress

Schlafprobleme

Hautprobleme

Pickel, Entzündung
der Haarfollikel,
Hitzewallungen,
Verstopfung,
Hautausschläge,
Regelschmerzen,
Verdauungs-
probleme,
chronisches
Erschöpfungs-
syndrom

Augenmüdigkeit

Konzentrations-
probleme

Trockene Augen, Glaukom
(grüner Star), grauer Star,
Kurz-, aber auch Weitsichtigkeit,
Astigmatismus (Hornhautver-
krümmung), Augenüberdruck,
Verstopfung, chronisches
Erschöpfungssyndrom,
Schlaflosigkeit, Störungen des
vegetativen Nervensystems

Vergesslichkeit,
zu niedriger Blutdruck,
Nackensteife, Kieferprobleme,
Nasennebenhöhlenentzündung,
Schnupfen, Verdauungsprobleme,
Störungen des vegetativen
Nervensystems, chronisches
Erschöpfungssyndrom

Viele Probleme – eine Lösung

Wissenswert, wenn auch ein bisschen kompliziert

Wie reagiert der Körper auf die zwölf Ziffern?

In den vom Rice-Institut entwickelten Zifferncodes spiegeln sich die Elementargewalten wider, die auch in der Astronomie (also der Geografie des Weltraums), in den Veränderungen durch die 24 Wendepunkte des Mondjahres, in den fünf Elementen und sechs Kräften sowie in den Bewegungen der Planeten auf ihrer Bahn und durch die Mondhäuser zum Ausdruck kommen.

Außerdem beruhen sie auf dem Yogācāra, einer philosophischen Schule des Mahāyāna-Buddhismus, auf Neurologie, Epigenetik sowie auf Erkenntnissen der Kognitionswissenschaften und der Biotechnik.

Warum aber Zahlen?

Was alle Lebewesen gemein haben? Sinnesemp-
findungen und Bewegungsfähigkeit. Beim Menschen steht das der bewussten Wahrnehmung sen-
sorischer Reize dienende somatische Nervensystem
in engstem Kontakt mit dem motorischen System,
das für den Bewegungsapparat zuständig ist. Sie
versorgen einander kontinuierlich mit elektrischer
und chemischer Energie. Derartige Aktivitäten
weisen auf energetische Unterschiede hin: Unterschiede zwischen den beiden Systemen, zwischen
damals und jetzt, dort und hier. Auf Unterschiede
im »elektrischen Potenzial« beruhen Spannung,
Widerstand, Flussdichte, Schwingungsrhythmen –
alle Phänomene, die wir unter dem Begriff der
Elektrizität zusammenfassen. Man kann es auch
so ausdrücken: Alle Energieformen sind Teil einer
durch ein Medium fließenden Hierarchie. Und
dieses Medium sind die Zahlen. In den Sinnen
herrscht eine bestimmte Dichte, und Bewegung
lebt von Rhythmen. Der einzige Unterschied ist
die Bezugsgröße, die verwendete Standardeinheit.

Man kann auf einer Skala unterscheiden, wie krank man ist, 1 oder 3 etwa. Und kontinuierlich auf 4 oder 6 Sport treiben. Wir können vergleichen, ob man mit dem Zug schneller von A nach B kommt als mit dem Auto, die Umweltkosten der Eisenbahn gegen die des Privatkraftfahrzeugs abwägen und uns dann für eine der beiden Beförderungsmöglichkeiten entscheiden. Alles auf der Basis von Zahlen. Daher stellen die Ziffern die Einheit dar, mit der sich jegliche Energie ermitteln und übertragen lässt, nicht nur quantitativ, sondern auch qualitativ. Als bedeutendste Verkehrssprache des menschlichen Körpers spielen sie im Ensemble seiner sensorischen, motorischen und kognitiven Schaltkreise eine entscheidende Rolle.

**Zwölf Ziffern –
zwölf Meridiane (Leitbahnen) –
zwölf Funktionskreise (Organe)**

In allen Sensoren gibt es ein Modul, das sich aus Rezeptor, Transistor und Kondensator zusammensetzt. Gemeinsam bilden sie eine Art Rückkoppelungssystem, das mithilfe einer Steuerungsinstanz Eingangs- in Ausgangswerte umrechnet. Beispiel Schallwellen: Töne, die in ein Mikrofon eingegeben werden, treffen auf eine Membran, werden in elektrische Signale umgewandelt und schließlich als akustische wieder ausgegeben. Ganz ähnlich verhält es sich mit dem menschlichen Körper, wenn er die Signale der zwölf Ziffern als »kognitiven Input« empfängt: Jedes von ihnen trifft auf einen Transistor und einen Kondensator – wobei die zwölf Meridiane den Transistoren entsprechen und die zwölf Funktionskreise den Kondensatoren. Wird zum Beispiel die Ziffer 1 gelesen, verwandelt der »Meridian«-Schaltkreis die Eins in ein Signal, welches mithilfe von Neurotransmittern und den metabolischen Aktivitäten der Lunge im ganzen Körper verstärkt und verbreitet wird.

Und so, wie die Handlungs- und »Denk«möglichkeiten des Computers auf dem binären Code aus Einsen und Nullen beruhen, wird beim Menschen als höher entwickelter Lebensform alles auf Basis des Duodezimalsystems (aus zwölf Ziffern) gemanagt.

Zusammenhang zwischen den 12 Ziffern
und den Körpermeridianen

Ziffer	Körper-meridian	Biochemische Reaktion	Zugeordnete Leitbahn
1	O.* Lungen-meridian	Atmung	Zwischen Brust und Daumen
2	O. Dickdarm-meridian	Ausscheidungs-organe	Zwischen Ringfinger und Nasenbereich
3	U.* Magen-meridian	Verdauungs-system	Zwischen Nasenbereich und zweitem Fußzeh
4	U. Milz-meridian	Innere Drüsen	Zwischen großem Zeh und Herzgegend
5	O. Herz-meridian	Kreislaufsystem	Zwischen Herz und kleinem Finger
6	O. Dünndarm-meridian	Lymphatisches System	Zwischen kleinem Finger und innerem Augenwinkel
7	U. Blasen-meridian	Harnsystem	Zwischen Augenvorderseite und kleinem Zeh
8	U. Nieren-meridian	Fortpflanzungs-organe	Zwischen Fußsohlen und Schlüsselbein
9	O. Perikard-meridian	kardiovaskuläres Organsystem	Zwischen Magen und Mittelfinger
0	O. Dreifach-Erwärmer-meridian	Gehirn und Nervensystem	Zwischen Ringfinger und Augenaußenseite
'1	U. Gallen-blasen-meridian	Knochen und Gelenke	Zwischen äußerem Augenwinkel und viertem Zeh
'2	U. Leber-meridian	Muskulatur und Immunsystem	Zwischen großem Zeh und 6. und 7. Rippe

(*O. = Oberer / *U. = Unterer)

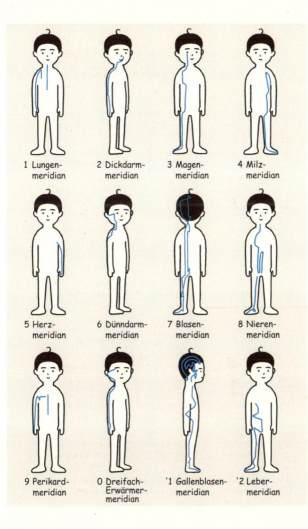

Wissenswert, wenn auch ein bisschen kompliziert 45

Die 12 Ziffern und ihre Verbindung mit den Funktionskreisen des menschlichen Körpers

Ziffern-code	Körper-system	Haupt-funktion	Fähigkeit
1	Lunge	Nachahmung	Planung und Potenzial
2	Dickdarm	Informations-vermittlung	Neugier und Tatendrang
3	Magen	Erinnerungs-vermögen	Originalität und Ausdruckskraft
4	Milz	kritisches Denken	Differenziertheit und Verhandlungs-geschick
5	Herz	Initiative	Positivität und Präkognition
6	Dünndarm	Auffassungsgabe	Auffassungsgabe/ Rücksicht und An-passungsfähigkeit
7	Blase	Fähigkeit zur Unterscheidung von Mustern	Handlungsfähig-keit und Geduld
8	Nieren	Entschiedenheit	Intimität und Empfindsamkeit
9	Perikard	Differenzierungs-vermögen in Bezug auf Beziehungen	praktisches Denken und Sinn für Behaglichkeit
0	Dreifacher Erwärmer	theoretisches und logisches Denkvermögen	Erfahrung und Kontinuität
'1	Gallenblase	Fehlerkorrektur	Entschiedenheit
'2	Leber	Strategisches Denken und Handeln	Gedankenstärke und Wandlungs-fähigkeit

46 Tägliche Selbstprogrammierung

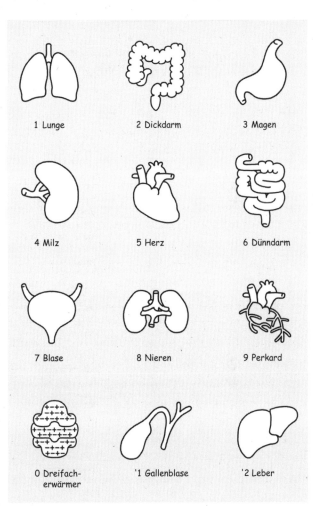

Wissenswert, wenn auch ein bisschen kompliziert

Nur eine Seite täglich – überall, jederzeit

Das Zahlenlesen ist vor allem eines: kinderleicht. Jeder, der Ziffern lesen kann, ist in der Lage, das Programm durchzuführen. Und das geht überall, zu jeder Zeit und nimmt nicht mehr als zehn Minuten in Anspruch.

Doch im Vergleich zu anderen Arten der geistig-körperlichen Ertüchtigung wird der Stoffwechsel beim Zahlenlesen bedeutend mehr angekurbelt. Kein Wunder: Auch Wasser erhitzt sich ja schließlich in einem Elektrokocher schneller als auf dem Herd.

Und während bei anderen Aktivitäten sozusagen fossile Brennstoffe verwendet werden, ist beim Zahlenlesen metabolisch Elektrizität am Werk. Weshalb es Kreislauf, Atmung, Muskulatur und Immunsystem weit nachhaltiger stärkt und stabilisiert als Sport.

Hinzu kommt: Aufgrund der organischen Elektrochemie wird zudem die Energie des Körpers gebündelt, und neue entsteht.

Beim Zahlenlesen kommt es zwar nicht zu sofortigen, sichtbaren Erfolgen, wie es bei der Einnahme chemischer Medikamente der Fall ist, doch wenn Sie mit dem

Kerntraining anfangen, das die grundlegende Balance im Körper wiederherstellt, und regelmäßig weiterüben, werden Sie bald glücklicher und energiegeladener sein als je zuvor in Ihrem Leben.

Wie Sie die Ziffern lesen

Ursprünglich war der Kernzifferncode auf die 365 Tage des Jahres ausgerichtet. Der praktischen Anwendbarkeit halber wurde er für dieses Buch jedoch nach einer komplexen Formel neu berechnet, sodass er nun in einem 30-Tage-Rhythmus den Signalsystemen des Körpers optimal angepasst ist.

Lesen Sie den Zifferncode mindestens zehn Minuten lang. Richten Sie Ihre volle Konzentration darauf und wiederholen Sie ihn auf dem Weg zur Arbeit, beim Aufstehen oder vor dem Zubettgehen.

Noch effektiver wird der Prozess, wenn Sie die Zahlen rhythmisch lesen wie ein Gedicht.

Konzentrieren Sie sich auf die Ziffern, als wären Ihnen die Lottozahlen der kommenden Ziehung im Traum erschienen.

DIE RICHTIGE SITZHALTUNG

Was Sie zur Hand haben sollten

Dieses Buch sowie ein Metronom
oder ähnliches Gerät, das auf
60 Beats per minute (bpm) eingestellt ist

Zunächst richten Sie den Blick nach innen und stellen sich darauf ein, Ihre Aufmerksamkeit zu bündeln

Konzentrieren Sie sich ausschließlich auf die Ziffern

Das Kinn bleibt gerade

Den Rücken halten Sie gerade

Die linke Hand ruht entspannt auf der rechten

Das hintere Glied des linken Daumens zeigt Richtung Solarplexus

Nehmen Sie eine bequeme, stabile Sitzposition ein. Gut wäre es, wenn Sie die Beine verschränken könnten, weil so Ihr Rücken schön gerade bleibt. Stellen Sie sich vor, dass die Ziffern über die Wirbelsäule in Ihren Geist und den gesamten Körper gelangen und die in ihnen enthaltenen Informationen so überall verbreiten.

Wie Sie die Ziffern lesen

WIE SIE DIE ZIFFERN SPRECHEN

1	**2**	**3**	**4**	**5**	**6**
eins	zwei	drei	vier	fünf	sechs

7	**8**	**9**	**0**	**'1**	**'2**
sieben	acht	neun	null	eins-eins	eins-zwei

– Beispiel –

'1	**'2**	**9**	**1**	**5**	**4**	**4**
eins-eins	eins-zwei	neun	eins	fünf	vier	vier

1	**9**	**2**	**9**	**2**	**'2**	**'2**
eins	neun	zwei	neun	zwei	eins-zwei	eins-zwei

0	**4**	**4**	**1**	**1**	**5**	**'2**
null	vier	vier	eins	eins	fünf	eins-zwei

UND SO GEHT'S

Wann?

- Mindestens zehn Minuten lang, am besten nach dem Aufwachen und vor dem Zubettgehen.
- Wenn Sie sich die einundzwanzig Ziffern morgens gut einprägen, haben Sie sie am Abend noch im Kopf.
- Die Anwendung mehr als eines »Zahlenrezepts« gegen verschiedene Probleme ist völlig unbedenklich und hat keinerlei unerwünschte Nebenwirkungen.

Wo?

- Wo immer sich die Zahlen umstandslos lesen lassen.

Wie Sie die Ziffern lesen 53

SO GEHT'S

Wie?

- Lesen Sie die Ziffern, als wollten Sie sich eine lange Telefonnummer einprägen, in einem gleichmäßigen Rhythmus von oben links nach unten rechts.

- Anfänger stellen ihr Metronom auf 60 Beats per minute (bpm) ein und lesen pro Schlag eine Ziffer.

- Wenn möglich, lesen Sie sieben Ziffern auf einen Atemzug. In dem Maße, in dem Sie sich mit dem Prozedere vertraut machen, können Sie Ihr Tempo allmählich so steigern, dass Sie alle einundzwanzig Ziffern auf einmal schaffen.

- Wenn Sie Ihre Geschwindigkeit erhöhen möchten oder sich an ein bestimmtes Muster gewöhnt haben, dürfen Sie auch mit 72, 81 oder 108 bpm arbeiten.

- Für Anfänger ist es am besten, wenn sie die Ziffern gleichbleibend laut lesen.

- Wenn Sie sich leicht ablenken lassen oder nicht laut lesen können, dürfen Sie sich beim Zahlenlesen gern aufnehmen, um sich die Ziffernfolge später anhören und im Geist mitverfolgen zu können.

- Optimal ist das Lesen in der korrekten Sitzhaltung. Doch wenn es Ihnen bequemer ist, dürfen Sie es auch im Stehen, Liegen oder sogar Gehen tun.

GUTE NACHT

Gute Nacht
Der Code für einen tiefen, erholsamen Schlaf

Sie fühlen sich morgens wie zerschlagen?

Schlafstörungen gehen darauf zurück, dass das Hirn nicht mehr richtig in der Lage ist, den Neurotransmitterspiegel zu regulieren, was des Nachts zu unerwünschtem Wachsein führt.

Der Zifferncode für gesunden, tiefen Schlaf bringt den Schlaf-Wach-Rhythmus wieder ins Gleichgewicht und behebt den Programmfehler, der Sie nachts nicht zur Ruhe kommen lässt.

Aktivierung von Akupressurpunkten zur Verzehnfachung der Wirkung

Bevor Sie mit dem Lesen anfangen, stimulieren Sie – beidseitig – die unten skizzierten Akupressurpunkte.
Sie können Sie wahlweise mit den Fingern drücken, mit Magnetband oder Stickern.
Klebestreifen gehen auch.

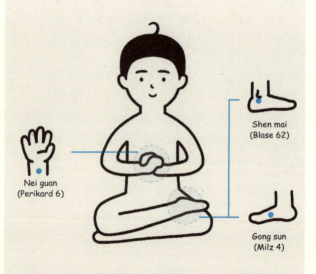

Nei guan
(Perikard 6)

Shen mai
(Blase 62)

Gong sun
(Milz 4)

Gute Nacht

| **GUTE NACHT** | **TAG** 01 | |

'1 '2 9 1 5 4 4

1 9 2 9 2 '2 '2

0 4 4 1 1 5 '2

Gute Nacht 59

GUTE NACHT	TAG
	02

4 '2 '1 0 8 4 5

6 9 4 6 5 '2 1

3 4 6 0 4 5 1

GUTE NACHT

TAG
03

7 0 4 2 3 4 '1

9 7 9 0 '2 '2 7

6 2 '1 2 '1 5 7

Gute Nacht 61

GUTE NACHT	**TAG** 04					

2   4   3   4   8   8   8

4   1   8   '2   5   4   4

1   8   0   4   4   9   4

| GUTE NACHT | TAG **05** | |

2 8 9 8 4 '1 5

4 5 2 4 1 7 1

1 '2 4 8 '2 '2 1

Gute Nacht 63

GUTE NACHT	TAG
	06

4 '2 3 8 5 3 1

6 9 8 4 2 '1 9

3 4 0 8 1 4 9

GUTE NACHT | **TAG** **07**

9   9   '2   6   2   7   9

'1   6   5   2   '1   3   5

8   1   7   6   0   8   5

Gute Nacht 65

GUTE NACHT	TAG
	08

9 1 0 '1 2 6 5

'1 0 3 7 '1 2 1

8 5 5 '1 0 7 1

GUTE NACHT | **TAG** **09**

1 3 0 4 '1 2 4

3 '2 3 '2 8 0 '2

'2 7 5 4 7 3 '2

Gute Nacht

GUTE NACHT	TAG
	10

4 '2 4 1 7 2 '1

6 9 9 9 4 0 7

3 4 '1 1 3 3 7

Was ich noch gern wüsste ...

**Wie oft muss ich die Ziffern lesen,
um bestmöglichen Erfolg zu erzielen?**

Letztlich gilt: je öfter, desto besser. Doch im Allgemeinen empfehlen wir, sich zweimal täglich mindestens zehn Minuten lang mit den Ziffern zu beschäftigen, morgens nach dem Aufwachen und abends vor dem Zubettgehen. Am besten in einer ruhigen Umgebung, in der nichts Sie vom Lesen ablenkt. Entscheidend ist, dass Sie sich zehn Minuten lang, und das ist ja nun wirklich nicht viel, vollkommen auf die Ziffern konzentrieren. Wer jeden Tag mit Zahlenlesen beginnt und beendet, wird schon bald merken, dass er den üblichen Problemen des Lebens viel besser begegnen kann.

Gute Nacht

GUTE NACHT	TAG
	11

2 '1 '2 8 4 7 '2

4 8 5 4 1 3 8

1 3 7 8 '2 8 8

GUTE NACHT | **TAG 12**

8 3 0 5 5 2 6

0 '2 3 1 2 0 2

7 7 5 5 1 3 2

GUTE NACHT	TAG
	# 13

4 ′2 8 0 2 6 4

6 9 1 6 ′1 2 ′2

3 4 3 0 0 7 ′2

| GUTE NACHT | TAG **14** | |

3 8 9 0 5 3 4

5 5 2 6 2 '1 '2

2 '2 4 0 1 4 '2

Gute Nacht

GUTE NACHT	TAG
	15

6   2   4   0   8   5   7

8   '1   9   6   5   1   3

5   6   '1   0   4   6   3

| GUTE NACHT | TAG **16** | |

8 7 7 '2 8 9 0

0 4 '2 8 5 5 6

7 '1 2 '2 4 0 6

Gute Nacht 75

GUTE NACHT	TAG
	# 17

5 5 0 3 6 2 2

7 2 3 '1 3 0 0

4 9 5 3 2 3 0

| GUTE NACHT | TAG **18** | |

1 2 4 5 6 6 9

3 '1 9 1 3 2 5

'2 6 '1 5 2 7 5

Gute Nacht

GUTE NACHT	TAG
	19

'2 8 9 1 3 8 6

2 5 2 9 '2 4 2

'1 '2 4 1 '1 9 2

GUTE NACHT	TAG
	20

7 '1 1 '2 6 8 0

9 8 6 8 3 4 6

6 3 8 '2 2 9 6

Gute Nacht 79

80 Gute Nacht

Was ich noch gern wüsste ...

**Muss ich die Ziffern wirklich täglich lesen?
Und was ist, wenn ich es mal auslasse?**

Alles gelingt am besten, wenn wir einen bestimmten Rhythmus einhalten. Deshalb erzielen Sie auch beim Zahlenlesen die optimale Wirkung, wenn Sie jeden Tag mindestens zehn Minuten dafür reservieren, ausnahmslos. Jedenfalls sollten Sie sich so gut wie möglich an Ihren Rhythmus halten, um das bereits Erreichte nicht eventuell aufs Spiel zu setzen, sollten Sie doch einmal eine Sitzung versäumt haben.

GUTE NACHT	TAG
	21

1 9 9 8 6 1 '2

3 6 2 4 3 9 8

'2 1 4 8 2 2 8

GUTE NACHT | **TAG** **22**

6 8 4 8 '1 0 0

8 5 9 4 8 6 6

5 '2 '1 8 7 '1 6

Gute Nacht 83

GUTE NACHT	TAG

23

5 8 4 '1 4 8 9

7 5 9 7 1 4 5

4 '2 '1 '1 '2 9 5

GUTE NACHT

TAG
24

7 5 9 2 5 8 4

9 2 2 0 2 4 '2

6 9 4 2 1 9 '2

Gute Nacht

GUTE NACHT	TAG

25

9 6 '1 6 2 8 '1

'1 3 4 2 '1 4 7

8 0 6 6 0 9 7

GUTE NACHT | **TAG** **26**

1 3 7 0 '2 9 7

3 '2 '2 6 9 5 3

'2 7 2 0 8 0 3

Gute Nacht 87

GUTE NACHT	TAG
	27

4 5 '2 9 6 1 '2

6 2 5 5 3 9 8

3 9 7 9 2 2 8

| GUTE NACHT | TAG **28** | |

3 '2 '1 '2 '2 8 9

5 9 4 8 9 4 5

2 4 6 '2 8 9 5

Gute Nacht 89

GUTE NACHT	TAG
	29

6 '2 1 9 3 2 2

8 9 6 5 '2 0 0

5 4 8 9 '1 3 0

GUTE NACHT	**TAG** ## 30

1   8   2   7   7   0   '1

3   5   7   3   4   6   7

'2   '2   9   7   3   '1   7

Gute Nacht

GEGEN STRESS

Gegen Stress

Der Code zur Stressbewältigung, bei Niedergeschlagenheit und Aggressivität

Sie leiden unter Stress?

Zu viel Stress und allzu große Anspannung führen zu einer übermäßigen Hormonkonzentration im Hirn und damit zur ständigen Stimulation des sympathischen Nervensystems. Dadurch wird der Körper immer empfindlicher und erzeugt so eine negative Feedbackschleife, die Sie bereits auf die kleinsten, geringfügigsten Probleme gestresst reagieren lässt.

Der Zifferncode gegen Stress reguliert die Hormonproduktion und -ausschüttung und stabilisiert dadurch das Nervensystem so, dass der Körper auf Reize wieder angemessener reagieren kann.

Aktivierung von Akupressurpunkten zur Verzehnfachung der Wirkung

Bevor Sie mit dem Lesen anfangen, stimulieren Sie – beidseitig – die unten skizzierten Akupressurpunkte. Sie können Sie wahlweise mit den Fingern drücken, mit Magnetband oder Stickern. Klebestreifen gehen auch.

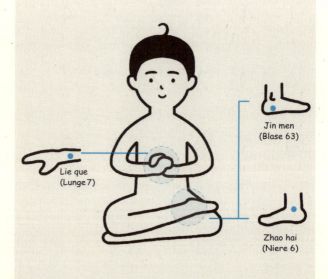

Lie que (Lunge 7)

Jin men (Blase 63)

Zhao hai (Niere 6)

Gegen Stress

GEGEN STRESS

TAG **01**

1 4 6 ′2 4 4 ′2

4 9 2 ′2 7 1 ′1

0 5 8 4 7 5 9

GEGEN STRESS

TAG

02

6 4 8 9 7 4 1

9 9 4 9 0 1 '2

3 5 0 1 0 5 0

GEGEN STRESS | **TAG** **03**

9 2 1 1 2 4 7

'2 7 9 1 5 1 6

6 3 3 5 5 5 4

Gegen Stress 97

GEGEN STRESS

TAG

04

4	8	'2	3	7	8	4
7	1	8	3	0	5	3
1	9	2	7	0	9	1

| GEGEN STRESS | TAG **05** | |

4 '2 6 7 3 '1 1

7 5 2 7 6 8 '2

1 1 8 '1 6 '2 0

GEGEN STRESS

TAG

06

6 4 '2 7 4 3 9

9 9 8 7 7 '2 8

3 5 2 '1 7 4 6

| GEGEN STRESS | TAG **07** | |

'1 1 9 5 1 7 5

2 6 5 5 4 4 4

8 2 '1 9 4 8 2

GEGEN STRESS

TAG 08

'1 5 7 0 1 6 1

2 0 3 0 4 3 '2

8 6 9 2 4 7 0

GEGEN STRESS

TAG
09

3 7 7 3 0 2 '2

6 '2 3 3 1 '1 '1

'2 8 9 7 1 3 9

GEGEN STRESS

TAG

10

6 4 1 '2 6 2 7

9 9 9 '2 9 '1 6

3 5 3 4 9 3 4

Was ich noch gern wüsste ...

Was muss ich tun, nachdem ich einen 30-Tage-Zyklus absolviert habe? Kann ich an und mit jedem beliebigen Tag neu anfangen?

An welchem Kalendertag Sie beginnen, spielt keine Rolle. Doch um in den Genuss der vollen Wirkung des speziellen Algorithmus zu kommen, auf dem die Ziffernfolgen beruhen, sollten Sie jeden Zyklus mit »Tag 1« beginnen. Nachdem Sie einen Turnus vollendet haben, können Sie ihn gern wiederholen, ebenfalls in der in diesem Buch angegebenen Reihenfolge. Sie können es mit dem Bau eines Schneemannes vergleichen, der ja auch ganz klein anfängt: mit einem Schneeball. Und genauso verhält es sich mit dem Zahlenlesen. Der 30-Tage-Rhythmus stellt einen Akkumulationsprozess dar, bei dem sich die positiven Wirkungen maximieren, wenn Sie sich an die angegebene Abfolge halten.

GEGEN STRESS

TAG 11

4 3 9 7 3 7 8

7 8 5 7 6 4 7

1 4 '1 '1 6 8 5

GEGEN STRESS | **TAG** **12**

0 7 7 4 4 2 2

1 '2 3 4 7 '1 1

7 8 9 8 7 3 '1

Gegen Stress

| GEGEN STRESS | TAG **13** |

6 4 5 9 1 6 '2

9 9 1 9 4 3 '1

3 5 7 1 4 7 9

GEGEN STRESS

TAG **14**

5   '2   6   9   4   3   '2

8   5   2   9   7   '2   '1

2   1   8   1   7   4   9

GEGEN STRESS

TAG 15

8 6 1 9 7 5 3

'1 '1 9 9 0 2 2

5 7 3 1 0 6 '2

| GEGEN STRESS | TAG **16** | |

0 '1 4 '1 7 9 6

1 4 '2 '1 0 6 5

7 '2 6 3 0 0 3

Gegen Stress 111

GEGEN STRESS

TAG

17

7 9 7 2 5 2 0

0 2 3 2 8 '1 9

4 0 9 6 8 3 7

GEGEN STRESS

TAG **18**

3 6 1 4 5 6 5

6 '1 9 4 8 3 4

'2 7 3 8 8 7 2

Gegen Stress

GEGEN STRESS

TAG 19

2 '2 6 '2 2 8 2

5 5 2 '2 5 5 1

'1 1 8 4 5 9 '1

GEGEN STRESS

TAG 20

9 3 0 '1 5 8 6

'2 8 6 '1 8 5 5

6 4 '2 3 8 9 3

Gegen Stress

Was ich noch gern wüsste ...

Da mir im Sitzen die Hüften sehr wehtun, wüsste ich gern, ob das Zahlenlesen auch im Liegen funktioniert.

Solange Sie sich gut genug konzentrieren können und es Ihnen bequem ist, macht es keinen größeren Unterschied, ob Sie die Ziffern im Stehen, im Sitzen, beim Gehen oder im Liegen lesen. Konzentrations- und Durchhaltevermögen allerdings sind nicht in jeder Körperhaltung gleich. Anfängern empfehlen wir deshalb, auf einem Stuhl Platz zu nehmen. Und zwar weil der Rücken dabei gerade und der Blick fest auf die Buchseite gerichtet bleibt. Dadurch lässt sich der Inhalt besser aufnehmen, und es kommt nicht so leicht zu körperlichen Widerständen.

GEGEN STRESS	TAG **21**

3 1 6 7 5 1 8

6 6 2 7 8 0 7

'2 2 8 '1 8 2 5

GEGEN STRESS

TAG **22**

8   '2   1   7   0   0   6

'1   5   9   7   1   7   5

5   1   3   '1   1   '1   3

GEGEN STRESS

TAG

23

7 '2 1 0 3 8 5

0 5 9 0 6 5 4

4 1 3 2 6 9 2

GEGEN STRESS | **TAG 24**

9 9 6 1 4 8 '2

'2 2 2 1 7 5 '1

6 0 8 5 7 9 9

Gegen Stress 121

GEGEN STRESS	TAG	**25**				

'1 0 8 5 1 8 7

2 3 4 5 4 5 6

8 '1 0 9 4 9 4

GEGEN STRESS | **TAG 26**

3 7 4 9 '1 9 3

6 '2 '2 9 2 6 2

'2 8 6 1 2 0 '2

Gegen Stress

GEGEN STRESS

TAG

27

6 9 9 8 5 1 8

9 2 5 8 8 0 7

3 0 '1 '2 8 2 5

GEGEN STRESS

TAG
28

5   4   8   '1   '1   8   5

8   9   4   '1   2   5   4

2   5   0   3   2   9   2

GEGEN STRESS

TAG

29

8 4 0 8 2 2 0

'1 9 6 8 5 '1 9

5 5 '2 '2 5 3 7

GEGEN STRESS

TAG
30

3 '2 '1 6 6 0 7

6 5 7 6 9 7 6

'2 1 1 0 9 '1 4

GEDÄCHTNIS SCHÄRFEN

Gedächtnis schärfen
Der Code gegen Zerstreutheit und Vergesslichkeit

Konzentrations- und Gedächtnisprobleme?

Mal scheinen wir uns alles problemlos merken zu können, aber dann wieder ähnelt unser Erinnerungsvermögen dem vielzitierten Sieb. Nun, zu Problemen mit dem Gedächtnis kommt es, wenn der Strom – die elektrischen Signale – in dem neuronalen Schaltkreis, der für das Lernen zuständig ist, schwächer wird. Dann können wir uns nur noch schwer konzentrieren, lassen uns leicht ablenken und werden vergesslich. Der Zifferncode, mit dem wir Abhilfe schaffen, behebt die Mängel in der elektrischen Versorgung der Nervenzellen und normalisiert die »Stromzufuhr«.

Aktivierung von Akupressurpunkten zur Verzehnfachung der Wirkung

Bevor Sie mit dem Lesen anfangen, stimulieren Sie – beidseitig – die unten skizzierten Akupressurpunkte.
Sie können Sie wahlweise mit den Fingern drücken, mit Magnetband oder Stickern.
Klebestreifen gehen auch.

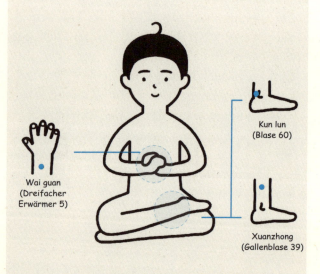

Wai guan
(Dreifacher Erwärmer 5)

Kun lun
(Blase 60)

Xuanzhong
(Gallenblase 39)

GEDÄCHTNIS SCHÄRFEN | **TAG 01**

3   9   2   '2   '1   7   1

9   2   '2   4   2   '2   1

0   9   '1   5   4   6   '2

Gedächtnis schärfen 131

GEDÄCHTNIS SCHÄRFEN

TAG 02

8 9 4 9 2 7 2

2 2 2 1 5 '2 2

3 9 1 2 7 6 1

GEDÄCHTNIS SCHÄRFEN | **TAG**
03

'1 7 9 1 9 7 8

5 '2 7 5 '2 '2 8

6 7 6 6 2 6 7

Gedächtnis schärfen 133

GEDÄCHTNIS SCHÄRFEN

TAG
04

6 1 8 3 2 '1 5

'2 6 6 7 5 4 5

1 1 5 8 7 0 4

GEDÄCHTNIS SCHÄRFEN

TAG 05

6 5 2 7 0 2 2

'2 0 '2 '1 1 7 2

1 5 '1 '2 3 1 1

Gedächtnis schärfen

GEDÄCHTNIS SCHÄRFEN

TAG 06

8 9 8 7 '1 6 0

2 2 6 '1 2 '1 0

3 9 5 '2 4 5 9

GEDÄCHTNIS SCHÄRFEN | **TAG 07**

1 6 5 5 8 0 6

7 '1 3 9 '1 3 6

8 6 2 0 1 9 5

GEDÄCHTNIS SCHÄRFEN

TAG

08

1 0 3 0 8 9 2

7 3 1 2 '1 2 2

8 0 '2 3 1 8 1

| GEDÄCHTNIS SCHÄRFEN | TAG **09** | |

5 '2 3 3 5 5 1

'1 5 1 7 8 0 1

'2 '2 '2 8 0 4 '2

GEDÄCHTNIS SCHÄRFEN

TAG

10

8 9 9 '2 1 5 8

2 2 7 4 4 0 8

3 9 6 5 6 4 7

Was ich noch gern wüsste …

Ich habe gleich mehrere der Probleme, gegen die das Zahlenlesen hilft. Kann ich auch zwei oder drei verschiedene Zyklen auf einmal absolvieren?

Kein Problem. Es kommt zu keinerlei unerwünschten Nebenwirkungen, wenn Sie mehr als einen Teil eines Zyklus pro Tag bearbeiten. Sollten Sie allerdings mit mehreren gleichzeitig beginnen, kann das zur Folge haben, dass Sie über kurz oder lang das Interesse verlieren, weil die Ziffern ja doch sehr ähnlich sind und Sie sie schließlich nur noch memorieren, statt mit voller Konzentration zu lesen. Wirksamer wäre es daher, wenn Sie mit dem Zyklus beginnen, den Sie am interessantesten finden, die Ziffernfolgen voller Hingabe lesen und erst mit einem weiteren anfangen, nachdem Sie sich daran gewöhnt haben.

GEDÄCHTNIS SCHÄRFEN

TAG

11

6 8 5 7 0 0 9

'2 1 3 '1 1 3 9

1 8 2 '2 3 9 8

GEDÄCHTNIS SCHÄRFEN | **TAG**

12

'2 '2 3 4 '1 5 3

6 5 1 8 2 0 3

7 '2 '2 9 4 4 2

GEDÄCHTNIS SCHÄRFEN	TAG
	# 13

8 9 1 9 8 9 1

2 2 '1 1 '1 2 1

3 9 0 2 1 8 '2

GEDÄCHTNIS SCHÄRFEN | **TAG 14**

7 5 2 9 '1 6 1

1 0 '2 1 2 '1 1

2 5 '1 2 4 5 '2

Gedächtnis schärfen 145

GEDÄCHTNIS SCHÄRFEN	TAG
	15

0 '1 9 9 2 8 4

4 4 7 1 5 1 4

5 '1 6 2 7 7 3

GEDÄCHTNIS SCHÄRFEN | **TAG 16**

'2 4 '2 '1 2 '2 7

6 9 0 3 5 5 7

7 4 9 4 7 '1 6

Gedächtnis schärfen 147

GEDÄCHTNIS SCHÄRFEN

TAG

17

9   2   3   2   '2   5   '1

3   7   1   6   3   0   '1

4   2   '2   7   5   4   0

GEDÄCHTNIS SCHÄRFEN

TAG
18

5 '1 9 4 '2 9 6

'1 4 7 8 3 2 6

'2 '1 6 9 5 8 5

GEDÄCHTNIS SCHÄRFEN

TAG 19

4 5 2 '2 9 '1 3

0 0 '2 4 '2 4 3

'1 5 '1 5 2 0 2

GEDÄCHTNIS SCHÄRFEN | **TAG 20**

'1　8　6　'1　'2　'1　7

5　1　4　3　3　4　7

6　8　3　4　5　0　6

Was ich noch gern wüsste …

**Wie kann ich Ausländern, die des Koreanischen nicht mächtig sind, das Zahlenlesen beibringen?
Ich habe eine Cousine in Amerika, die sehr krank ist, und möchte sie gern mit dem Zahlenlesen vertraut machen. Sie spricht aber kein Koreanisch.
Deshalb die Frage: Kann sie die Ziffern auch auf Englisch lesen? Oder allgemeiner ausgedrückt: Wie sollen Nicht-Koreaner die Ziffern lesen?**

Gar kein Problem. Die arabischen Ziffern sind auf der ganzen Welt gebräuchlich, und die Sprache, in der man sie liest, hat keinerlei Einfluss auf die Wirkung.

GEDÄCHTNIS SCHÄRFEN

TAG 21

5 6 2 7 '2 4 9

'1 '1 '2 '1 3 9 9

'2 6 '1 '2 5 3 8

GEDÄCHTNIS SCHÄRFEN | **TAG 22**

0 5 9 7 5 1 7

4 0 7 '1 8 6 7

5 5 6 '2 0 '2 6

Gedächtnis schärfen 155

GEDÄCHTNIS SCHÄRFEN | **TAG**

23

9 5 9 0 0 '1 6

3 0 7 2 1 4 6

4 5 6 3 3 0 5

GEDÄCHTNIS SCHÄRFEN | **TAG 24**

'1　2　2　1　'1　'1　1

5　7　'2　5　2　4　1

6　2　'1　6　4　0　'2

Gedächtnis schärfen 157

GEDÄCHTNIS SCHÄRFEN

TAG

25

1 3 4 5 8 '1 8

7 8 2 9 '1 4 8

8 3 1 0 1 0 7

| **GEDÄCHTNIS SCHÄRFEN** | **TAG** **26** |

5 '2 '2 9 6 '2 4

'1 5 0 1 9 5 4

'2 '2 9 2 '1 '1 3

Gedächtnis schärfen 159

GEDÄCHTNIS SCHÄRFEN | **TAG**

27

8 2 5 8 '2 4 9

2 7 3 '2 3 9 9

3 2 2 1 5 3 8

GEDÄCHTNIS SCHÄRFEN

TAG 28

7 9 4 '1 6 '1 6

1 2 2 3 9 4 6

2 9 1 4 '1 0 5

GEDÄCHTNIS SCHÄRFEN	TAG
	29

0 9 6 8 9 5 '1

4 2 4 '2 '2 0 '1

5 9 3 1 2 4 0

GEDÄCHTNIS SCHÄRFEN | **TAG** **30**

5 5 7 6 1 1 8

'1 0 5 0 4 6 8

'2 5 4 '1 6 '2 7

NEUE ENERGIE TANKEN

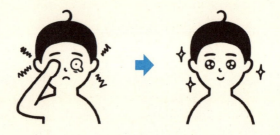

Neue Energie tanken

Der Code gegen Müdigkeit (nicht nur der Augenmüdigkeit)

Augen- und allgemeine Müdigkeit?

An keiner Stelle verfügt der menschliche Körper über eine so hohe Konzentration an Nerven- und Blutgefäßen wie in den Augen. Der Code gegen Sehschwäche unterstützt die bessere Versorgung der Augen mit Blut und Nährstoffen und kurbelt zudem den Abfluss von Abfallprodukten an. So wird sichergestellt, dass alle visuellen Informationen ungestört ins Hirn vordringen können. Darüber hinaus verbessert der Code das Sehvermögen und hilft gegen Augenmüdigkeit.

Aktivierung von Akupressurpunkten zur Verzehnfachung der Wirkung

Bevor Sie mit dem Lesen anfangen, stimulieren Sie – beidseitig – die unten skizzierten Akupressurpunkte.
Sie können Sie wahlweise mit den Fingern drücken, mit Magnetband oder Stickern.
Klebestreifen gehen auch.

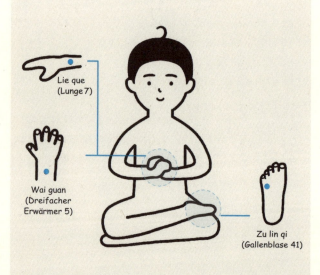

Lie que
(Lunge 7)

Wai guan
(Dreifacher
Erwärmer 5)

Zu lin qi
(Gallenblase 41)

166 Neue Energie tanken

NEUE ENERGIE TANKEN | **TAG 01**

'2 9 2 '2 6 '2 4

'1 0 1 '2 7 6 5

8 '1 '1 '2 3 '2 '2

Neue Energie tanken

NEUE ENERGIE TANKEN

TAG 02

5 9 4 9 9 '2 5

4 0 3 9 0 6 6

1 '1 1 9 6 '2 1

Neue Energie tanken

NEUE ENERGIE TANKEN

TAG **03**

8 7 9 1 4 '2 '1

7 8 8 1 5 6 '2

4 9 6 1 1 '2 7

Neue Energie tanken

NEUE ENERGIE TANKEN

TAG 04

3 1 8 3 9 4 8

2 2 7 3 0 0 9

'1 3 5 3 6 4 4

| NEUE ENERGIE TANKEN | TAG **05** | |

3 5 2 7 5 7 5

2 6 1 7 6 1 6

'1 7 '1 7 2 7 1

NEUE ENERGIE TANKEN

TAG 06

5	9	8	7	6	'1	1
4	0	7	7	7	5	2
1	'1	5	7	3	'1	9

NEUE ENERGIE TANKEN

TAG **07**

0 6 5 5 3 3 9

9 7 4 5 4 9 0

6 8 2 5 '2 3 5

Neue Energie tanken

NEUE ENERGIE TANKEN

TAG 08

0	0	3	0	3	2	5
9	'1	2	0	4	8	6
6	'2	'2	0	'2	2	1

NEUE ENERGIE TANKEN

TAG 09

2 '2 3 3 '2 0 4

1 1 2 3 1 4 5

0 2 '2 3 9 0 '2

Neue Energie tanken

NEUE ENERGIE TANKEN

TAG 10

5	9	9	'2	8	0	'1
4	0	8	'2	9	4	'2
1	'1	6	'2	5	0	7

Was ich noch gern wüsste ...

Tritt der gewünschte Effekt auch ein, wenn die Ziffern stumm gelesen oder einem vorgelesen werden? Meine Mutter schreibt sich Dinge gern auf. Deshalb frage ich mich, ob das Schreiben denselben Effekt hat wie das Lesen. Außerdem habe ich gehört, dass es genauso wirksam ist, wenn man die Ziffern hört. Deshalb habe ich die Zahlenfolgen laut gelesen und aufgenommen. Auf dem Weg zur Arbeit höre ich mir die Aufnahmen jetzt immer an. Bringt das was?

Wir nehmen Informationen über fünf Kanäle auf, das heißt mit unseren fünf Sinnen, die dabei gewöhnlich alle zusammenwirken. Die Aktivitäten des Aufschreibens und Zuhörens sind zur Aufnahme von Informationen ähnlich bedeutsam wie das Lesen. Deshalb kann man damit durchaus experimentieren, indem man die Ziffern etwa mehrfach abschreibt oder sie aufnimmt und dann wiederholt abhört. Die Kombination dieser beiden Methoden mit dem Lesen jedoch sorgt für noch nachhaltigere und tiefergehende Resultate.

NEUE ENERGIE TANKEN	TAG 11

3 8 5 7 5 3 '2

2 9 4 7 6 9 1

'1 0 2 7 2 3 8

NEUE ENERGIE TANKEN | **TAG 12**

9 '2 3 4 6 0 6

8 1 2 4 7 4 7

5 2 '2 4 3 0 2

Neue Energie tanken

NEUE ENERGIE TANKEN

TAG

13

5 9 1 9 3 2 4

4 0 '2 9 4 8 5

1 '1 0 9 '2 2 '2

NEUE ENERGIE TANKEN

TAG 14

4 5 2 9 6 '1 4

3 6 1 9 7 5 5

'2 7 '1 9 3 '1 '2

NEUE ENERGIE TANKEN

TAG 15

7 '1 9 9 9 1 7

6 '2 8 9 0 7 8

3 1 6 9 6 1 3

Neue Energie tanken

NEUE ENERGIE TANKEN

TAG
16

9	4	'2	'1	9	5	0
8	5	'1	'1	0	'1	'1
5	6	9	'1	6	5	6

Neue Energie tanken 183

NEUE ENERGIE TANKEN

TAG 17

6 2 3 2 7 0 2

5 3 2 2 8 4 3

2 4 '2 2 4 0 0

NEUE ENERGIE TANKEN

TAG 18

2 '1 9 4 7 2 9

1 '2 8 4 8 8 0

0 1 6 4 4 2 5

NEUE ENERGIE TANKEN

TAG

19

1   5   2   '2   4   4   6

'2   6   1   '2   5   0   7

9   7   '1   '2   1   4   2

NEUE ENERGIE TANKEN

TAG
20

8 8 6 '1 7 4 0

7 9 5 '1 8 0 '1

4 0 3 '1 4 4 6

Neue Energie tanken 187

Neue Energie tanken

Was ich noch gern wüsste ...

Ich habe die Zifferncodes jetzt schon ein paarmal gelesen, aber bislang ist noch keine echte Besserung eingetreten. Mache ich womöglich irgendetwas falsch?

Stellen Sie sich das Zahlenlesen so vor, als müssten Sie sich eine Telefon- oder Kontonummer einprägen. Konzentrieren Sie sich darauf und wiederholen Sie den Vorgang. Bei einem Schaufensterbummel zum Beispiel kaufen wir ja oft nur dann etwas, wenn es bei uns echtes, intensives Interesse weckt. Gehen wir dagegen mit prall gefüllter Geldbörse in die Stadt, finden sich tausend Dinge, an denen wir Spaß haben und die wir erwerben könnten. Was wir wahrnehmen, hängt also in hohem Maße von unserer Entschiedenheit und Konzentration ab. Und die setzen ein gewisses Maß an Engagement voraus. Deshalb: Versuchen Sie sich bestmöglich auf die Ziffern zu konzentrieren. Dann tritt die Wirkung bestimmt auch bei Ihnen schnell ein.

Neue Energie tanken

NEUE ENERGIE TANKEN

TAG 21

2 6 2 7 7 9 '2

1 7 1 7 8 3 1

0 8 '1 7 4 9 8

NEUE ENERGIE TANKEN

TAG **22**

7 5 9 7 '2 6 0

6 6 8 7 1 '2 '1

3 7 6 7 9 6 6

Neue Energie tanken 191

NEUE ENERGIE TANKEN

TAG 23

6 5 9 0 5 4 9

5 6 8 0 6 0 0

2 7 6 0 2 4 5

NEUE ENERGIE TANKEN

TAG
24

8 2 2 1 6 4 4

7 3 1 1 7 0 5

4 4 '1 1 3 4 '2

Neue Energie tanken 193

NEUE ENERGIE TANKEN	TAG **25**

0 3 4 5 3 4 ′1

9 4 3 5 4 0 ′2

6 5 1 5 ′2 4 7

NEUE ENERGIE TANKEN

TAG **26**

2 '2 '2 9 1 5 7

1 1 '1 9 2 '1 8

0 2 9 9 0 5 3

Neue Energie tanken

NEUE ENERGIE TANKEN

TAG 27

5 2 5 8 7 9 '2

4 3 4 8 8 3 1

1 4 2 8 4 9 8

NEUE ENERGIE TANKEN

TAG **28**

4 9 4 '1 1 4 9

3 0 3 '1 2 0 0

'2 '1 1 '1 0 4 5

Neue Energie tanken 197

NEUE ENERGIE TANKEN

TAG 29

7 9 6 8 4 0 2

6 0 5 8 5 4 3

3 '1 3 8 1 0 0

| NEUE ENERGIE TANKEN | TAG **30** | |

2 5 7 6 8 6 '1

1 6 6 6 9 '2 '2

0 7 4 6 5 6 7

Neue Energie tanken

SO SCHÖN

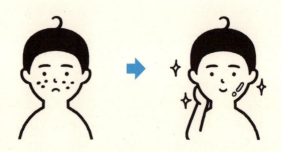

So schön

Der Code für reine Haut
und ein blendendes Aussehen

Hautprobleme?

Unsere Haut – die äußere Schutzschicht des menschlichen Körpers – regeneriert sich normalerweise in Zyklen von achtundzwanzig Tagen. Doch ist sie nicht unempfindlich gegen Störungen und verliert an Spannkraft, wird spröder oder weist andere Probleme auf, sobald ihre Regenerationsfähigkeit schwächelt. Der Zifferncode für gesunde Haut wirkt diesem Prozess entgegen. Und gibt der Haut so ohne irgendwelche Chemie aus Tube oder Dose die Fähigkeit zurück, sich allmonatlich neu zu bilden, strahlend und frisch.

Aktivierung von Akupressurpunkten zur Verzehnfachung der Wirkung

Bevor Sie mit dem Lesen anfangen, stimulieren Sie – beidseitig – die unten skizzierten Akupressurpunkte. Sie können Sie wahlweise mit den Fingern drücken, mit Magnetband oder Stickern. Klebestreifen gehen auch.

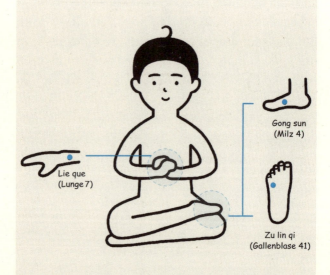

Lie que (Lunge 7)

Gong sun (Milz 4)

Zu lin qi (Gallenblase 41)

| SO SCHÖN | TAG **01** | |

6 9 9 1 '2 '2 1

4 0 3 3 '1 9 '2

9 9 '2 4 9 5 8

**SO
SCHÖN**

TAG

02

'1 9 '1 0 3 '2 2

9 0 5 '2 2 9 1

2 9 2 1 '2 5 9

SO SCHÖN	TAG 03

2 7 4 2 0 '2 8

'2 8 0 4 9 9 7

5 7 7 5 7 5 3

So schön 205

SO SCHÖN	TAG
	04

9 1 3 4 3 4 5

7 2 9 6 2 1 4

'2 1 6 7 '2 9 '2

| SO | TAG |
| SCHÖN | **05** |

9   5   9   8   '1   7   2

7   6   3   0   0   4   1

'2   5   '2   '1   8   '2   9

So schön   207

SO
SCHÖN

TAG
06

'1 9 3 8 '2 '1 0

9 0 9 0 '1 8 9

2 9 6 '1 9 4 5

SO SCHÖN

TAG **07**

4   6   '2   6   9   3   6

2   7   6   8   8   '2   5

7   6   3   9   6   8   1

SO SCHÖN | **TAG**
08

4   0   0   '1   9   2   2

2   '1   4   1   8   '1   1

7   0   1   2   6   7   9

SO SCHÖN

TAG 09

8 '2 0 4 6 0 1

6 1 4 6 5 7 '2

'1 '2 1 7 3 3 8

So schön 211

SO SCHÖN	TAG
	10

'1 9 4 1 2 0 8

9 0 0 3 1 7 7

2 9 7 4 '1 3 3

Was ich noch gern wüsste ...

Stellt sich die Wirkung tatsächlich erst nach dem vollständigen Zyklus von dreißig Tagen ein? Oder ist das von Mensch zu Mensch verschieden?

In puncto Tempo und Intensität können sich die Effekte tatsächlich unterscheiden. Da nicht alle Menschen für die äußere und innere Wirkung des Zahlenlesens gleich empfänglich sind, sind die Erfahrungen, die man dabei macht, zwangsläufig individueller Natur. Was aber nicht heißen soll, dass es manchen weniger guttun würde als anderen. Nicht ohne Grund haben Verträge mit Fitnesscentern ja eine Mindestlaufzeit von dreißig Tagen. Und so sollte man es auch mit dem Zahlenlesen halten: Wenn Sie den 30-Tage-Zyklus durchziehen, egal, wie viel Sie sonst um die Ohren haben, werden Sie eine Veränderung zum Besseren bemerken. Und die Wirkung wird Ihre Erwartungen sogar noch weit übertreffen.

SO SCHÖN	TAG
	11

9 8 '2 8 '1 3 9

7 9 6 0 0 '2 8

'2 8 3 '1 8 8 4

SO SCHÖN | **TAG** **12**

3 '2 0 5 '2 0 3

1 1 4 7 '1 7 2

6 '2 1 8 9 3 0

SO SCHÖN	TAG 13

'1 9 8 0 9 2 1

9 0 2 '2 8 '1 '2

2 9 '1 1 6 7 8

SO SCHÖN | **TAG** **14**

0 5 9 0 '2 '1 1

8 6 3 '2 '1 8 '2

1 5 '2 1 9 4 8

SO SCHÖN	TAG
	15

1 '1 4 0 3 1 4

'1 '2 0 '2 2 0 3

4 '1 7 1 '2 6 '1

| SO SCHÖN | TAG **16** | |

3   4   7   '2   3   5   7

1   5   1   2   2   2   6

6   4   0   3   '2   0   2

So schön 219

SO SCHÖN

TAG 17

'2 2 0 3 1 0 '1

0 3 4 5 '2 7 0

3 2 1 6 0 3 6

| SO SCHÖN | TAG **18** | |

8 '1 4 5 1 2 6

6 '2 0 7 '2 '1 5

'1 '1 7 8 0 7 1

SO SCHÖN	TAG
	19

7 5 9 1 0 4 3

5 6 3 3 9 1 2

0 5 '2 4 7 9 0

| SO SCHÖN | TAG **20** | |

2 8 1 '2 1 4 7

'2 9 7 2 '2 1 6

5 8 4 3 0 9 2

So schön 223

Was ich noch gern wüsste ...

Hilft es vielleicht auch bei Arthritis und Diabetes?
Viele Leiden reagieren ja auf bestimmte Ziffernfolgen.
Deshalb die Frage: Gibt es auch eine, die sich bei
Arthritis, Diabetes und Bluthochdruck positiv auswirkt?

Unabhängig von der jeweiligen Symptomatik lässt sich feststellen, dass alle Erkrankungen auf Störungen des Energieflusses zurückgehen – beziehungsweise auf deren Folgen. Das Lesen der Ziffernfolgen nun sorgt dafür, dass die Energie wieder in den richtigen, normalen Bahnen fließen kann. Deshalb lässt es sich völlig risikofrei und sehr erfolgversprechend bei einer großen Anzahl von Beschwerden einsetzen.

So schön

SO SCHÖN	TAG **21**

8 6 9 8 1 9 9

6 7 3 0 '2 6 8

'1 6 '2 '1 0 2 4

SO SCHÖN

TAG 22

1 5 4 8 6 6 7

'1 6 0 0 5 3 6

4 5 7 '1 3 '1 2

So schön 227

SO SCHÖN	TAG
	# 23

'2 5 4 '1 '1 4 6

0 6 0 1 0 1 5

3 5 7 2 8 9 1

| SO SCHÖN | TAG **24** | |

2 2 9 2 '2 4 1

'2 3 3 4 '1 1 '2

5 2 '2 5 9 9 8

SO SCHÖN	TAG
	25

4 3 '1 6 9 4 8

2 4 5 8 8 1 7

7 3 2 9 6 9 3

SO SCHÖN

TAG

26

8 '2 7 0 7 5 4

6 1 1 '2 6 2 3

'1 '2 0 1 4 0 '1

So schön 231

SO SCHÖN	TAG
	27

'1 2 '2 9 1 9 9

9 3 6 '1 '2 6 8

2 2 3 '2 0 2 4

| SO SCHÖN | TAG **28** | |

0   9   '1   '2   7   4   6

8   0   5   2   6   1   5

1   9   2   3   4   9   1

So schön

SO SCHÖN	TAG
	# 29

1 9 1 9 0 0 '1

'1 0 7 '1 9 7 0

4 9 4 '2 7 3 6

SO SCHÖN

TAG

30

8 5 2 7 2 6 8

6 6 8 9 1 3 7

'1 5 5 0 '1 '1 3

Die Autoren

1. Park Byong-won

Ausbildung

1982 Bachelor, Fachbereich Rechtswissenschaft, Juristische Fakultät, Kyungpook National University, Korea

Berufserfahrung

Seit 1995 KASAC (Korean Advanced Society Achievement Center), Gründer und Direktor

Seit 1998 ChaSeo Rules Institute, Gründer und Direktor

Seit 2003 ChaSeo Medical Institute, Gründer und Direktor

Seit 2011 Cafe BangHa Corporation, Gründer und Direktor

Seit 2012 ChaSeo Connectome Corporation, Gründer und Direktor

Seit 2012 BangHa Start-up Incubating Center, Gründer und Direktor

Entwicklung

Seit 1989 ChaSeo elan vital, Entwicklung und Inhaber des Urheberrechts

Seit 1998 Math Music Service Platform (Brain Stretching), Entwicklung und Patentinhaber

Seit 1999 ChaSeo Recipe, Entwicklung und Inhaber des Urheberrechts

Seit 2004 Gyukpal-sangseng-yokchim, Entwicklung und Patentinhaber (Korea, Japan, China, EU)

Seit 2007 Device and Method for Physiological Mechanism Vitalisation (Gesundheit auf Chip), Entwicklung und Patentinhaber

Seit 2012 Apparatus for Physiological Mechanism Activation and the Method Comprising the same, Entwicklung und Patentinhaber (USA)

Seit 2012 ChaSeo Tincture, Entwicklung und Inhaber des Urheberrechts

Veröffentlichungen

Signal Science Journal »Monthly BangHa«, Herausgeber und Autor, 1998 bis heute

The Introduction of Signal Conditioning Medicine, Lektor und Autor, 2004

The Introduction of Natural Law, Lektor und Autor, 2005

Story of New Medical Science, Lektor und Autor, 2005
The World of Donguibogam, Lektor und Autor, 2005
ChaSeo: Human OS Algorithms, 1–2, Autor, 2008
ChaSeo: Human Brain Map, Autor, 2008
Socio-Connectome, 1–3, Lektor und Autor, 2011
Lessons of Awakening of Faith in the Mahayana, 1–7,
Autor und Lektor, 2012
Die Zahlenapotheke, Autor und Lektor, 2016

2. Kim Young-hoon

Ausbildung
1993 Bachelor in Bildungstechnologie, Hanyang
University, Korea
1995 Master-Grad in Bildungstechnologie, Hanyang
University, Korea
2005 Promotion über Bildungssysteme, Fachbereich
Erziehungswissenschaften, Pennsylvania State
University, USA

Berufserfahrung
1993–1997 The Institute of Educational Technology
of Hanyang University, Forscher
2000–2005 Pennsylvania State University,
wissenschaftlicher Assistent

2005–2008 Hyundai Research Institute, wissenschaftlicher Mitarbeiter
Seit 2008 Korea Banking Institute, Direktor
Seit 2012 ChaSeo Rules Institute, Forscher

3. Lee Sang-yeob

Ausbildung
2001 Studienabteilung Rechtswesen, College of Law, Korea University, Korea
2009 Bachelor in Koreanischer Medizin, Dongshin University, Korea
2011 Weiterbildung zum Master in Medizinischer Anthropologie, College of Humanities, Seoul National University, Korea

Berufserfahrung
Seit 2009 ChaSeo Rules Institute, wissenschaftlicher Mitarbeiter
Seit 2011 ChaSeo-Yokchim (Arztpraxis), Leiter
Seit 2011 Cafe BangHa Corporation, oberster Direktor
Seit 2012 BangHa Start-up Incubating Center, Abteilungsleiter
Seit 2015 Kolumnist der Tageszeitung *Munhwa*

4. Han Choong-hee

Ausbildung

1999 Bachelor in Koreanischer Medizin, Gachon
University, Korea
2013 Master-Grad in Präventivmedizin, College
of Korean Medicine, Gachon University, Korea
2015 Doktorgrad in Präventivmedizin, College
of Korean Medicine, Gachon University, Korea

Berufserfahrung

Seit 1999 ChaSeo.Yokchim (Arztpraxis), Leiter
Seit 2003 ChaSeo Rules Institute, Senior-Researcher
Seit 2011 Cafe BangHa Corporation, Direktor
Seit 2012 Wonkwang Digital University, Professor

5. Kim Min-woo

Ausbildung

2011 Bachelor in Informatik, KAIST (Korea
Advanced Institute of Science and Technology), Korea

Berufserfahrung

2007–2010 NexR Big-Data-Analyse-Plattform,
Gründungsmitglied

2010–2014 KT (koreanische Telekom) NexR, Senior-Researcher
2014 Devsisters, Projektmanager/Game-Server-Entwicklung
2014 KGC (Koreanische Gamer-Konferenz), Hauptredner
Seit 2014 ChaSeo Rules Institute, Forscher

ChaSeo Rules Institute

Von Park Byong-won gegründetes Forschungsinstitut, das dem »Korea Advanced Society Achievement Center« angehört und zugleich das weltweit erste Rules-Institut darstellt. Ein Forschungs- und Entwicklungs-zentrum, in dem Topspezialisten aus den Bereichen Rechtswesen, Humanwissenschaften, Koreanische Medizin, Medizintechnik, Bildungswesen, Ökonomie, Finanzwesen, Sportpädagogik mit Elektroingenieuren und Informatikern zusammenarbeiten, um eine auf der ostasiatischen Zahlen- und Musiktheorie beruhende Signalwissenschaft zu entwickeln.

Park Byong-won, der Gründer des Instituts, ist darüber hinaus Herausgeber und Verleger des monatlich erscheinenden Wissenschaftsmagazins MONTHLY BANGHA und der Kopf hinter der neuen Lehre von der Theorie von Regeln und Anweisungen, einem neuen Forschungsfeld, das sich mit Gesundheit und globaler Stabilität befasst. Er hat eine neue Form der Akupunktur entwickelt, die sogenannte Chaseo Akupunktur, die bereits vielerorts anerkannt ist und Patentschutz genießt, unter anderem in der EU und in China.

Literaturhinweise

In klassischem Chinesisch

Kanon des Gelben Kaisers über innere Medizin

Huainanzi

Frühling und Herbst des Lü Buwei

Sanming Tonghui

Buch der Wandlungen

Lulu-xinshu

Cheng wei shi lun shu ji

Auf Englisch

Linda J. S. Allen, *Introduction to mathematical biology* (Pearson: Upper Saddle River, 2006)

Paul Chiusano und Rúnar Bjarnason, *Functional Programming in Scala* (Manning Publishers: Cherry Hill, 2014)

Walter Dodds, *Laws, Theories, and Patterns in Ecology* (University of California Press: Berkeley 2011)

Joshua Epstein, *Nonlinear dynamics, mathematical biology, and social science* (Westview Press: Boulder, 1997)

Dawn Field und Neil Davies, *Biocode: The New Age of Genomics* (Oxford University Press: Oxford 2015)

John M. Henshaw, *A Tour of the Senes: How Your Brain Interprets the World* (John Hopkins University Press: Baltimore, 2012)

S. O. Kasap, *Principles of Electronic Materials and Devices* (McGraw-Hill Education: New York, 2005)

Margaret S. Livingstone, »Symbol addition by monkeys provides evidence for normalized quantity coding«, in: *Proceedings of the National Academy of Sciences of the United States of America*

Thalma Lobel, *Sensation: The New Science of Physical Intelligence* (Atria: New York, 2014)

Neil A. MacMillan und C. Douglas Creelman, *Detection Theory: A User's Guide* (Lawrence Erlbaum Associates Publishers: London, 2005)

S. Okuyama, T. Kuki, H. Mushiake, »Representation of the Numerosity ›zero‹ in the Parietal Cortex of the Monkey«, in: *Scientific Reports* 2015. 5

Lawrence D. Rosenblum, *See What I'm Saying: The Extraordinary Powers of Our Five Senses* (W.W. Norton: New York, 2010)

Sebastian Seung, *Connectome: How the Brain's Wiring Makes Us Who We Are* (Mariner Books: New York, 2013)

Ian Stewart, *Mathematics of Life* (Basic Books: New York, 2011)

Andreas Wagner, *Paradoxical Life: Meaning, Matter, and the Power of Human Choice* (Yale University Press: New Haven, 2011)

James Welty, Charles E. Wicks, Gregory L. Rorrer, Robert E. Wilson, *Fundamentals of Momentum, Heat and Mass Transfer* (John Wiley & Sons: Hoboken, 2012)

»Sound waves delay tomato fruit ripening by negatively regulating ethylene biosynthesis and signaling genes«, in: *Postharvest Biology and Technology*, Band 110, Dezember 2015

»A framework for Bayesian optimality of psychophysical laws«, in: *Journal of Mathematical Psychology*, Band 56, Ausgabe 6, Dezember 2012

»A Brain Area for Visual Numerals«, in: *The Journal of Neuroscience*, 17. April 2013, 33 (16)

Scientific American Mind Magazine, Januar 2014

The Annual Review of Neuroscience, 2009. 32: 185–208; 10.1146

Auf Koreanisch

Choe Haeng-jin, *The Weber-Fechner Law for measuring the senses* (Jeonpa Science Publishers: Seoul, 2013)

Jeong Jae-myeong, *Vector and Matrix* (Seoul National University Publishers: Seoul, 1997)

Jo Gwang-hyeon, *System Biology* (Hongreung Science Publishers: Seoul, 2013)

Kang Su-gyun, *Training the Senses* (Daegu University Press: Daegu, 2004)

Kim Hyang-suk und andere, *Vector Interpretive Geology and Mathematics* (Kyowoo: Seoul, 2000)

Lee Jeong-ja, *The Mathematical Design of Animals and Plants* (Books Hill Publishers: Seoul, 2015)

Lee Sang-hee, *Understanding Signals and Systems* (Hongreung Science Publishers: Seoul, 2014)

Lee Jae-gyu, *Learning Algorithm 1, 2 through C* (Sehwa Publishing: Seoul, 2013)

Min Man-sik, *Matrix Algebra* (Free Academy: Paju, 2013)

Park Mun-ho, *The Brain, the Emergence of Thought* (Humanist: Seoul, 2008)

Park Gwang-hyeon, *Linear, non-linear circuitry and systems* (Pass Books: Seoul, 2009)

Transnational College of LEX, *The Laws of Quantum Dynamics* (GBrain: Seoul, 2011)

Yamane Tsneo, *Biological Reaction Engineering* (Hong-reung Science Publishers: Seoul, 2014)

Auf Deutsch

Greten, Henry Johannes, *Kursbuch Traditionelle Chinesische Medizin* (Thieme, Stuttgart 2017)

Maciocia, Giovanni, *Grundlagen der chinesischen Medizin* (Urban & Fischer, München, Jena 2008)

Thews, Franz und Fritz, Udo, *TCM und Akupunktur in Merksätzen* (Haug, Stuttgart 2011)

*Francesc Miralles und
Héctor García (Kirai)*

IKIGAI
Gesund und glücklich hundert werden

Aus dem Spanischen von
Maria Hoffmann-Dartevelle.
Gebunden mit Schutzumschlag.
Auch als E-Book erhältlich.

Das erste Buch zum neuen Trend IKIGAI!

Worin liegt es, das Geheimnis für ein langes Leben? Den Japanern zufolge hat jeder Mensch ein Ikigai. Ikigai ist das, wofür es sich lohnt, morgens aufzustehen, oder auch ganz einfach: »der Sinn des Lebens«. Das Ikigai ist in uns verborgen, und wir müssen geduldig forschen, um es zu finden. Gelingt es uns, haben wir die Chance, gesund und glücklich alt zu werden.

Eine Offenbarung für jeden, der auf der Suche nach dem Sinn des Lebens ist und für den Gesundheit ein hohes Gut ist.

*Was dem Leben eines Japaners Sinn gibt, heißt »Ikigai«.
Nun entdeckt ein Buch diese Idee für Europäer.*
Süddeutsche Zeitung

Das Rezept für ein erfülltes Leben.
IN Das Star- und Style Magazin

Mark W. McGinnis

ALS BUDDHA NOCH EIN ELEFANT WAR

Inspirierende Geschichten über Weisheit, Glück und Lebensfreude

Aus dem Amerikanischen von Gabriel Stein.
Gebunden mit Schutzumschlag.
Vierfarbig, mit Illustrationen.

Kostbarkeiten buddhistischer Weisheit

Erkenntnis, Kraft, Achtsamkeit, Ehrlichkeit – das vermitteln die erzählerischen Schätze aus Buddhas früheren Leben. In ihrer Einfachheit berühren diese Lektionen über Klugheit, Anstand oder Mitgefühl die Seele und das Herz derer, die sie lesen und hören. Mark W. McGinnis erschafft eine künstlerische und klare Neuerzählung uralter Lehrgeschichten aus Buddhas vorhergehenden Leben, als er noch ein Elefant, ein Papagei, ein Affe oder ein Pfau war.

Das traditionelle, über 2000 Jahre alte Jataka ist das Buch über die vorherigen Leben des Buddha. Es enthält Perlen buddhistischer Weisheit. Mark W. McGinnis erzählt die uralten Geschichten neu – poetisch und klar und mit wunderschönen Illustrationen ergänzt.

Pascal Voggenhuber

ENJOY THIS LIFE®
Wie du dein ganzes
Potential entfaltest

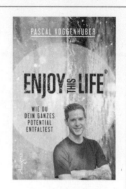

Klappenbroschur.
Auch als E-Book erhältlich.

Die neue, erfolgreiche Methode jetzt als Buch

Enjoy this Life® ist der neue Kurs von Pascal Voggenhuber, in dem er zeigt, wie wir wieder mehr Freude ins Leben bringen. Die hier vorgestellte Methode basiert auf dem gleichnamigen erfolgreich gestarteten Online-Seminar des Autors. Mit einfachen, aber bewährten Übungen gibt er Hilfestellungen, das eigene Leben bewusst zu gestalten und seine wahre Bestimmung zu leben. Mit Einfühlungsvermögen und Achtsamkeit zeigt er dem Leser, wie er sich selbst neu kennenlernen und zum Schöpfer eines neuen Selbstbewusstseins werden kann.

Ein neuartiges, modernes und sofort anwendbares Konzept für ein selbstbestimmtes Leben.